Scoprire i Giochi Gratuiti Online

Disponibile Qui:

BestActivityBooks.com/FREEGAMES

5 CONSIGLI PER INIZIARE

1) COME RISOLVERE LE PAROLE INTRECCIATTE

I puzzle hanno un formato classico:

- Le parole sono nascoste senza spazi o trattini,...
- Orientamento: Le parole possono essere scritte in avanti, indietro, verso l'alto, verso il basso o in diagonale (possono essere invertite).
- Le parole possono sovrapporsi o intersecarsi.

2) APPRENDIMENTO ATTIVO

Accanto ad ogni parola c'è uno spazio per scrivere la traduzione. Per incoraggiare l'apprendimento attivo, un **DIZIONARIO** alla fine di questa edizione vi permetterà di controllare e ampliare le vostre conoscenze. Cerca e scrivi le traduzioni, trovale nel puzzle e aggiungile al tuo vocabolario!

3) SEGNARE LE PAROLE

Puoi inventare il tuo sistema di segni. Forse ne usi già uno? Per esempio, puoi segnare le parole difficili da trovare con una croce, le parole preferite con una stella, le parole nuove con un triangolo, le parole rare con un diamante, e così via.

4) STRUTTURARE L'APPRENDIMENTO

Questa edizione offre un **TACCUINO** alla fine del libro. In vacanza, in viaggio o a casa, puoi organizzare facilmente le tue nuove conoscenze senza bisogno di un secondo quaderno!

5) AVETE FINITO TUTTE LE GRIGLIE?

Nelle ultime pagine di questo libro, nella sezione della **SFIDA FINALE**, troverete un gioco gratuito!

Facile e veloce! Dai un'occhiata alla nostra collezione di libri di attività per il tuo prossimo momento di divertimento e **apprendimento,** a portata di clic!

Trova la tua prossima sfida su:

BestActivityBooks.com/MioProssimoLibro

Ai vostri posti, pronti...Via!

Sapevi che ci sono circa 7.000 lingue diverse nel mondo? Le parole sono preziose.

Amiamo le lingue e abbiamo lavorato duramente per creare libri di altissima qualità. I nostri ingredienti?

Una selezione di argomenti adatti all'apprendimento, tre buone porzioni di intrattenimento, una cucchiaiata di parole difficili e una spolverata di parole rare. Li serviamo con amore e entusiasmo in modo che tu possa risolvere i migliori giochi di parole e divertirti imparando!

La vostra opinione è essenziale. Puoi partecipare attivamente al successo di questo libro lasciandoci un commento. Ci piacerebbe sapere cosa ti è piaciuto di più di questa edizione.

Ecco un link veloce alla pagina dell'ordine:

BestBooksActivity.com/Recensione50

Grazie per il vostro aiuto e buon divertimento!

Tutta la squadra

1 - Scacchi

נ	ק	ו	ד	ו	ת	ב	ר	צ	ל	ם	צ	ש	כ	ם
ד	א	מ	כ	ח	ת	ת	צ	ת	ל	ה	נ	ס	ן	ג
א	ס	ט	ר	ט	ג	י	ה	פ	ג	ה	ב	ר	ק	ה
א	ל	ו	ף	ת	ר	ט	ס	ב	כ	ף	י	ו	ח	מ
כ	ת	ס	ע	ב	ע	ח	ס	כ	ח	ב	ר	ח	ש	ל
ט	נ	ב	ל	ח	ה	ש	ס	ל	ע	ס	י	ש	מ	ך
א	ס	ש	ן	ט	ג	ף	מ	ר	ר	ד	ה	כ	ל	מ
ס	ש	ה	ד	ב	ם	א	ל	כ	ס	ו	ן	ב	ל	ש
ע	ר	ל	ת	א	ש	ם	ח	ע	ם	מ	ן	ד	ח	נ
א	ן	ג	ג	ב	נ	ג	ת	ה	ע	ל	ס	ק	ן	נ
ם	ד	ת	ש	ה	כ	פ	א	ד	ל	ל	ן	מ	ע	ף
נ	ת	צ	צ	ם	ש	ז	ד	ר	ח	ל	כ	ח	ח	ם
ם	ח	ב	א	מ	מ	ג	ח	ג	ר	י	נ	ר	ו	ט
ת	ס	ש	ר	ן	ם	י	ב	י	ס	פ	ח	ג	ה	ח
ח	א	א	ת	ג	ר	י	ם	י	ל	ל	כ	ם	ד	ם

נקודות
מלך
מלכה
כללים
הקרבה
אתגרים
אסטרטגיה
זמן
טורניר

יריב
לבן
אלוף
תחרות
אלכסון
שחקן
משחק
שחור
פסיבי
ללמוד

2 - Salute e Benessere #2

מ	ע	ף	ה	ל	ב	צ	ת	ת	ז	י	ה	ו	ם	ה
ט	ש	י	א	ש	ע	ן	ש	ת	ע	ו	ט	ב	ד	ת
ט	ש	ק	כ	ח	ף	פ	ע	ת	ף	ס	ש	י	פ	י
ן	ד	ת	ל	ו	ס	ח	ת	ח	ל	י	ק	ת	ה	י
ו	ד	ג	ז	ף	ל	ת	ש	ח	ט	ע	ל	ח	פ	ב
ב	ר	י	א	ו	ג	נ	ט	י	ק	ה	ו	ו	ג	ש
א	נ	ה	צ	ג	נ	ד	י	א	ט	ה	ר	ל	ו	ו
י	ח	א	ג	א	צ	ה	צ	ש	ף	ל	י	י	י	ת
ת	ח	ו	ל	י	א	ל	ב	נ	ל	ג	ה	ם	ט	ט
ש	א	א	נ	ר	ג	י	ה	נ	ת	נ	ף	ב	מ	ר
פ	ל	ס	ס	ת	ל	צ	ש	ח	ן	ח	ר	ר	י	ת
ן	ר	ל	פ	ט	ש	ח	פ	ב	א	ר	ס	כ	ן	ר
ף	ג	א	פ	ל	ל	ס	ן	ל	נ	ד	ב	ח	א	ת
ב	י	ט	ה	נ	ס	ט	ת	ע	א	נ	ר	ם	ג	ב
ה	ה	נ	י	י	ג	י	ה	י	מ	ו	ט	נ	א	ש

אלרגיה
אנטומיה
תיאבון
קלוריה
גוף
דיאטה
עיכול
התייבשות
אנרגיה
גנטיקה
היגיינה
זיהום
חולי
עיסוי
תזונה
בית חולים
משקל
דם
בריא
ויטמין

3 - Aggettivi #2

ג	א	ב	ף	ה	מ	ב	ש	ל	ח	כ	ח	ת	פ	מ
א	ל	ה	ד	ת	ח	ד	ק	ז	ח	ח	ד	ש	ג	מ
צ	ג	ה	ף	י	ט	נ	ת	ו	א	א	ע	ב	ט	פ
ר	נ	ש	ה	א	ג	ע	ט	ם	ת	ד	ר	מ	ף	ו
א	ט	כ	ם	ו	ט	ה	ו	ר	פ	מ	ר	נ	ב	ר
ח	י	ד	ד	ר	ב	ר	י	א	ר	ל	ם	מ	ד	ס
ר	ע	מ	ן	י	י	נ	ע	מ	נ	ל	ת	ט	ט	ם
א	פ	ר	ו	ד	ו	ק	ט	י	ב	י	ג	י	ם	י
י	ט	ב	ע	י	ף	ד	ב	ב	כ	ג	מ	ת	ב	ג
נ	ל	נ	ד	ש	ן	ב	ט	ט	נ	ר	ל	ר	ב	ש
ן	כ	ר	ח	ן	נ	ע	ס	ן	כ	ס	ו	י	ש	ע
א	נ	א	פ	ר	ם	ע	ש	ת	ן	ף	ח	צ	צ	ג
פ	ן	ר	ט	ט	נ	ף	ר	ע	ב	ג	ה	י	ג	ף
פ	נ	נ	צ	ע	ט	ט	ה	ד	ת	ע	ג	ג	ב	ה
ל	מ	ר	ד	ן	ר	צ	א	נ	ג	כ	ף	ן	ש	ח

רעב
יבש
אותנטי
יצירתי
תיאורי
מתוק
דרמטי
אלגנטי
מפורסם
חזק

מעניין
טבעי
רגיל
חדש
גאה
פרודוקטיבי
טהור
אחראי
מלוח
בריא

4 - Ingegneria

ד	ע	מ	א	מ	ף	ן	ה	ע	ן	נ	ס	ן	נ	ר
ד	נ	ע	ד	ב	ב	ף	ר	פ	ה	ל	ג	ד	ט	ם
כ	ע	ד	ה	ג	א	ר	ח	ד	צ	מ	ע	צ	ם	ס
א	ח	ח	ל	ע	ס	מ	ף	ח	פ	ד	נ	ו	ז	ל
ק	מ	ו	ע	ע	י	ה	ן	מ	ה	י	ג	ר	נ	א
ו	ף	כ	מ	כ	ב	ש	ד	ן	מ	ד	ר	ס	ת	מ
ט	ה	ב	כ	ח	ו	ת	ן	ש	ם	ה	ם	כ	ר	א
ר	ט	ף	ו	י	ב	ב	י	צ	י	ב	ו	ת	ש	ן
ד	נ	ס	נ	ש	ה	י	ל	ו	כ	י	ם	צ	י	פ
א	י	ר	ה	ו	מ	ב	נ	ה	ו	נ	ב	י	ם	ס
ג	ס	ז	ן	ב	ב	נ	י	י	ה	ז	נ	ר	ן	ס
ש	ס	ם	ל	ס	ח	ה	מ	ב	נ	ף	ן	ע	ה	ה
ן	ד	ס	ל	כ	פ	ב	ל	כ	ה	נ	ע	ה	ת	מ
א	נ	א	ד	כ	מ	א	צ	ט	ל	ש	ט	ס	ג	כ
ב	ר	ש	ע	ן	ג	צ	ד	ת	ט	פ	ש	ן	ן	ב

הילוכים
נוזל
מכונה
מדידה
מנוע
עומק
הנעה
סיבוב
יציבות
מבנה

זווית
ציר
חישוב
בנייה
תרשים
קוטר
דיזל
הפצה
אנרגיה
כוח

5 - Archeologia

ע	ף	ף	ע	ו	ד	י	א	ל	ר	ד	ע	ט	ד	ש
כ	פ	ח	א	פ	ף	ם	צ	ל	ב	ר	ר	מ	ש	צ
ש	ר	א	ח	ם	מ	נ	א	ש	פ	ר	א	ב	ם	ה
ח	ו	צ	ם	י	נ	ש	צ	ש	ה	ו	ת	מ	ם	ג
ע	פ	ת	פ	ר	נ	ב	ן	א	ב	ע	מ	כ	י	ן
צ	ס	צ	ת	ת	נ	ת	ס	ן	ל	ט	ו	א	ט	ס
ט	ו	ם	ו	ת	נ	י	ת	ו	ח	ט	מ	ד	ק	ן
ם	ר	ר	ק	ו	ח	ם	מ	פ	ן	ל	ח	ת	י	ר
ל	ן	ר	י	מ	ת	ה	ה	ע	ר	כ	ה	ל	י	ש
ש	ס	מ	ת	צ	ר	מ	ה	ף	פ	ם	ן	ם	ב	ע
ם	צ	ב	ע	ע	ל	ע	ן	ש	פ	ע	ד	ר	ו	א
ל	ט	ר	צ	י	ב	י	ל	י	ז	צ	י	ה	א	ק
ר	א	ת	ו	ו	צ	ש	ד	ק	מ	ם	ר	פ	ש	ב
כ	ר	ד	ם	ת	ע	כ	ת	פ	ל	א	ש	ג	ט	ר
מ	ע	ר	ל	ח	ב	נ	ד	ג	ל	ן	ד	י	ע	ה

אובייקטים
עצמות
פרופסור
שריד
חוקר
לא ידוע
צוות
מקדש
קבר
הערכה

ניתוח
שנים
עתיקות
ציביליזציה
צאצא
עידן
מומחה
מאובן
שברים
תעלומה

6 - Salute e Benessere #1

ש	ה	ג	ב	ן	ד	ש	נ	ש	א	כ	א	ר	מ	א
ג	ב	ן	ס	א	כ	צ	ג	ת	ט	ד	ל	פ	ר	נ
ד	ח	ע	ף	צ	ח	ש	י	ש	ה	ף	ת	ל	פ	ט
ת	ו	ש	ב	ר	ו	ע	ף	ט	ר	ש	ח	ק	א	ם
ם	י	ק	ד	י	י	ח	ם	מ	ל	י	ק	ס	ה	כ
מ	א	כ	ט	ל	י	צ	י	ב	ה	ב	ר	ם	ד	ג
ש	ס	נ	צ	ו	ר	ס	ר	ע	ג	ע	מ	י	ג	ח
ש	ט	ב	צ	פ	ר	ע	כ	ם	ל	ל	ת	ל	ם	ע
ת	ן	נ	ם	י	ה	ו	ר	מ	ו	נ	י	ם	י	צ
ם	ש	ע	ש	ט	ג	ב	ד	ם	מ	ט	ב	ג	ב	מ
ד	ח	ל	ג	ר	ה	ר	ס	צ	ן	ג	ח	ר	צ	ו
ה	ר	פ	י	ה	ד	פ	ד	ם	נ	ש	ה	א	ע	ת
ב	פ	ה	ת	ע	כ	ו	ם	כ	ד	ח	מ	ט	ף	ם
ו	ט	ר	ל	ב	פ	א	ש	ת	ד	ר	ע	ב	כ	ס
ג	ט	ג	ה	צ	ד	ה	ר	ם	ת	ף	ר	א	מ	צ

הרגל
גובה
פעיל
חיידקים
מרפאה
רעב
בית מרקחת
שבר
רפואה
דוקטור
שרירים
עצבים
הורמונים
עצמות
עור
יציבה
רפלקס
הרפיה
טיפול
נגיף

7 - Aggettivi #1

ר	א	צ	נ	ש	ר	ש	מ	ד	ד	ך	פ	ח	ק	ח
ע	ר	ב	ן	א	ה	ם	ש	א	מ	ו	ד	ר	נ	י
צ	ו	ת	כ	פ	ע	א	צ	ר	ס	ר	ס	ב	ע	ט
ה	מ	ס	ף	ת	נ	מ	צ	ר	כ	א	ן	א	כ	ו
ה	ט	ח	נ	נ	א	מ	נ	ו	ת	י	ר	ב	א	ז
ל	י	ע	פ	י	ש	א	ל	ם	ד	מ	ל	ם	ם	ק
ט	ר	ש	ג	ת	ר	א	פ	ם	ג	ל	ח	פ	ר	א
צ	ע	י	ר	א	מ	ש	מ	ר	ם	נ	מ	ט	ד	צ
ד	ג	ש	צ	א	ר	מ	ת	ז	ר	מ	ט	נ	ש	א
א	ט	ד	מ	ר	י	פ	ר	ה	ף	ף	נ	ג	ה	נ
פ	ב	ל	ו	ג	מ	ט	ד	ז	ס	כ	ס	מ	ד	פ
ם	כ	ע	צ	ל	ו	ל	י	ה	ד	כ	נ	ב	ס	ס
ט	ן	ף	ב	ו	ש	ח	ן	ה	י	נ	ד	צ	ף	ר
מ	צ	צ	ד	ד	ל	ו	נ	מ	ק	ה	י	ש	ג	ג
פ	פ	ח	ס	ט	ם	מ	ם	מ	ר	ב	ב	ט	כ	צ

שאפתנית	זהה
ארומטי	חשוב
אמנותי	איטי
מוחלט	ארוך
פעיל	מודרני
ענק	כנה
אקזוטי	מושלם
נדיב	כבד
צעיר	יקר
גדול	רזה

8 - Geologia

ה	מ	ר	ו	ז	א	ש	ף	א	ל	א	ת	כ	ע	ח
ב	ר	י	ע	ש	ב	ם	י	ש	י	ב	ג	ע	פ	ף
כ	ר	ג	נ	ה	ר	נ	ט	ה	ה	ן	ד	י	ס	א
ש	ע	ג	ע	ר	ף	ש	נ	מ	ב	פ	ר	ה	נ	א
ס	י	ב	ס	ש	ל	ה	ם	מ	מ	ח	ו	מ	צ	ה
ן	ד	כ	ר	ח	ע	י	ב	י	כ	א	ש	מ	ן	ר
ם	ת	ע	ס	מ	ה	ד	ם	ב	ל	נ	ו	ע	ל	ע
ע	א	פ	מ	ת	ל	ל	ח	ש	ב	ה	ח	ב	ן	מ
ף	ד	מ	ש	נ	מ	ש	ץ	ת	ה	ן	ע	ן	ן	ר
ה	מ	א	ג	י	י	ז	ר	פ	פ	ת	ג	ג	ד	פ
פ	ה	ג	ם	צ	ג	ח	ו	מ	ד	ר	נ	כ	ה	כ
ש	ח	י	ק	ה	ס	ס	ו	מ	ד	ל	ט	ם	ש	ם
כ	ל	כ	ם	ן	ש	ף	ק	ת	ף	ט	צ	ל	ה	ש
ה	מ	נ	ר	ג	ח	פ	ע	ר	ט	נ	ב	ס	ש	ת
א	ל	מ	ו	ג	צ	ח	מ	ד	ס	ה	ג	ט	מ	ל

חומצה
רמה
סידן
מערה
יבשת
אלמוג
גבישים
שחיקה
מאובן
גייזר

לבה
מינרלים
אבן
קוורץ
מלח
נטיף
שכבה
רעידת אדמה
הר געש
אזור

9 - Campeggio

ת	א	י	ח	נ	ע	פ	כ	ב	ס	נ	א	ע	ה	ד
ו	ה	ר	ל	ב	כ	ם	י	ה	נ	צ	ש	ד	ם	ב
י	ן	ח	כ	ת	ל	י	ף	ם	ף	ה	ם	ס	ן	ח
ח	פ	ם	ג	א	ה	ע	ב	ט	מ	כ	ו	ב	ע	א
ע	צ	י	ד	ה	ר	ר	ש	ב	פ	ח	ב	ע	ב	ש
ת	מ	צ	ף	ש	ג	ח	ת	ל	ה	ו	א	נ	ס	ן
מ	כ	ע	ח	צ	צ	ג	פ	ה	ק	ד	ל	ש	נ	ף
ד	ה	ף	א	פ	כ	ש	ע	כ	ת	ת	ס	ב	ד	ף
ב	ס	פ	ט	ת	ט	ת	כ	ת	פ	ט	מ	ש	ג	ס
מ	ק	ר	ב	ר	ג	מ	ה	ת	ר	ג	ת	ל	ן	ג
ם	ם	א	ג	ט	ב	נ	ר	ל	ה	ד	ד	ג	א	א
צ	פ	נ	נ	מ	מ	א	ח	מ	ם	צ	ת	נ	ד	ש
ר	ד	ן	ד	ו	צ	ם	ה	ר	כ	כ	ט	צ	פ	ג
ג	ב	ט	ם	ט	ח	ס	צ	ר	ק	ע	ר	ס	ל	ר
ס	ל	ב	ם	ד	ש	צ	ד	ע	נ	ג	ב	צ	ר	פ

כיף
יער
אש
חרק
אגם
ירח
מפה
הר
טבע
אוהל

עצים
ערסל
חיות
הרפתקה
מצפן
תא
ציד
קאנו
כובע
חבל

10 - Tempo

ח	ש	ר	מ	פ	ה	מ	ג	מ	ש	נ	נ	ט	ה	מ
נ	ס	ג	ח	מ	ע	ע	ב	ס	פ	ן	א	ת	א	ן
ה	ר	ג	ס	ן	א	ת	ל	מ	ב	ק	ר	ו	ב	ה
ל	א	ח	ר	ם	פ	ה	ס	ל	י	ל	ה	ק	ד	י
ה	ג	ע	ב	ת	ר	נ	ל	ג	ן	ש	ף	ס	כ	ו
ב	ו	ק	ר	ם	נ	ש	ד	ו	ח	ם	י	ר	ם	ם
ר	א	ד	מ	ט	ש	ח	ט	נ	ף	ה	נ	ו	פ	י
נ	ל	פ	ת	נ	ט	ו	ח	ט	ס	ף	פ	ש	ם	י
צ	ה	ר	ס	ם	ת	ל	ש	נ	ה	א	ל	ע	א	ר
צ	ת	כ	א	ה	ס	מ	א	ם	ח	ם	נ	ם	מ	ה
ב	ע	ע	ח	ד	ט	ש	ם	פ	א	צ	ן	ד	ע	צ
מ	ר	ל	א	ר	ט	ן	ש	נ	ת	י	ל	ש	מ	ד
א	ת	מ	ו	ל	ט	ן	ו	ת	ף	ט	ל	ב	פ	ע
ש	נ	ש	כ	נ	צ	פ	ש	ע	ת	י	ד	ו	ח	צ
ל	ל	פ	ש	ח	ש	ע	ה	ר	ש	ת	נ	ע	ג	ד

שנה
שנתי
לוח שנה
עשור
לאחר
עתיד
יום
אתמול
בוקר
חודש

צהריים
דקה
לילה
היום
שעה
שעון
בקרוב
לפני
מאה
שבוע

11 - Astronomia

נ	ע	י	ק	ר	ג	צ	ס	י	ר	ח	ם	ח	ש	א
ב	ו	כ	ב	ל	כ	ת	ל	ק	ף	ן	ל	ל	א	ס
ן	ן	ב	ק	ב	ש	ד	ט	ל	ד	ל	ג	ס	ק	ט
ק	ו	ס	מ	ו	ס	ה	נ	ע	י	ד	ט	ח	ב	ר
נ	י	ג	ד	כ	ד	ו	ר	ה	א	ר	ץ	ת	ו	ו
ה	ו	ל	נ	ע	ט	ח	ב	ט	ו	ו	ה	א	צ	נ
ק	ו	ג	מ	נ	ס	ה	פ	נ	ר	א	מ	ה	ת	א
ר	ש	ל	ס	פ	כ	מ	ו	ט	ט	ט	ל	מ	כ	ו
י	מ	ה	ו	ג	ס	ם	ק	פ	ס	מ	ד	צ	ו	ט
נ	כ	מ	פ	ה	ס	ו	ס	ס	א	ג	ת	פ	כ	ס
ה	מ	ז	ר	ר	ן	ק	ל	צ	ש	ג	ד	ה	ב	ה
ש	ן	ל	נ	ם	ם	י	ט	ת	ב	צ	מ	ג	י	ג
ח	מ	ו	ו	ש	ר	ת	י	ל	י	פ	ר	ע	ם	ס
ר	ף	ת	ב	ם	צ	מ	ב	ג	ג	ב	ת	ל	ה	ד
כ	ת	ע	ה	ה	פ	ט	מ	ם	נ	צ	פ	נ	ח	ב

אסטרואיד
אסטרונאוט
אסטרונום
רקיע
קוסמוס
קבוצת כוכבים
שוויון
גלקסיה
ירח
מטאור

ערפילית
המצפה
כוכב לכת
קרינה
רקטה
סופרנובה
טלסקופ
כדור הארץ
יקום
גלגל המזלות

12 - Algebra

ש	צ	ת	ט	פ	ת	מ	ג	ס	צ	מ	פ	ה	צ	כ
ע	ס	ם	פ	ס	ס	ט	ו	ת	ד	ש	ל	מ	ד	צ
ש	מ	ל	ה	א	ת	ר	ר	ק	ש	ו	פ	ע	ה	צ
צ	ב	מ	מ	ם	א	י	ם	מ	ט	ו	נ	ר	כ	ת
ה	ל	ר	פ	ס	מ	צ	ג	נ	ן	א	ה	י	ע	ב
נ	פ	ם	א	פ	א	ה	ג	ע	ט	ה	ן	ך	פ	ח
ת	ו	ת	צ	א	ע	ף	ף	ם	ח	ם	ן	ט	ח	ש
ש	פ	ס	ר	ל	י	נ	י	א	ר	י	ג	ס	מ	מ
מ	ט	ע	ח	ו	ש	ם	ה	ם	י	י	ר	ג	ו	ס
ף	מ	ש	א	ה	ן	ה	ף	י	פ	צ	ס	ב	ו	ם
ף	ש	ע	ט	ד	ה	ל	פ	ש	ט	ג	ר	ף	ש	א
א	י	נ	ס	ו	פ	י	נ	ר	ו	ס	י	ח	ע	ח
ט	ה	ר	ם	ח	ן	ה	ש	ת	מ	ל	נ	ם	ל	ר
מ	צ	ס	ה	כ	נ	ם	ח	ב	צ	פ	ד	מ	ן	א
ש	ט	ד	פ	ף	ס	פ	ח	ד	ף	ם	פ	ר	ט	ם

מטריצה
מספר
סוגריים
בעיה
לפשט
פתרון
סכום
חיסור
משתנה
אפס

תרשים
משוואה
מעריך
שקר
גורם
נוסחה
שבר
גרף
אינסופי
ליניארי

13 - Mitologia

ג	נ	פ	א	ן	ס	ג	ק	ן	ו	ס	א	ט	א	ב
צ	ֵ	פ	ג	ף	ע	נ	ס	צ	ג	ה	ם	ר	ב	ג
מ	צ	ח	ד	ד	א	ת	ר	י	ם	ת	ף	צ	ט	ד
ל	ַ	ע	ה	ה	מ	ח	ב	ן	כ	נ	ל	ם	י	ר
ל	ח	ג	ג	ב	נ	ו	ח	ו	כ	ה	כ	ן	פ	ם
ע	ר	י	צ	ו	ר	ב	ש	ס	צ	ג	ל	ר	ו	א
ה	ת	ו	מ	ת	ן	ב	ף	מ	ב	ו	ך	ע	ס	א
צ	מ	ג	ה	ו	ח	ח	נ	ר	ג	ת	ל	ם	ס	א
ה	מ	ק	נ	ב	ג	נ	ק	נ	ב	ט	ש	ח	ע	ח
ן	ט	ן	ר	ר	צ	מ	א	ן	נ	ה	ם	ו	ס	נ
ף	ד	ח	צ	ת	כ	פ	ה	ף	מ	ט	ח	ל	נ	ה
כ	ט	ל	מ	ן	ע	ל	ח	ם	ע	מ	ע	צ	ג	ל
ף	ש	צ	א	ר	ה	צ	א	ד	ם	ג	צ	ט	ד	ס
ת	פ	נ	ש	ה	ב	ת	ף	ג	ן	ג	ח	כ	ט	ס
ע	ק	ס	ו	ם	י	ל	א	ח	ח	ה	ר	י	צ	י

קנאה
לוחם
נֶצַח
מבוך
אגדה
קסום
בן תמותה
מפלצת
רעם
נקמה

אבטיפוס
התנהגות
יצור
יצירה
תרבות
אסון
אלים
גיבור
כוח
ברק

14 - Piante

ה	ן	ד	צ	ם	ף	ם	ע	ר	ש	ד	ת	ר	ף	ן
ר	ש	ח	ש	פ	ת	ן	צ	ר	ף	ח	ב	ח	ט	ע
א	ד	פ	כ	א	נ	ל	מ	כ	ת	ג	פ	פ	ד	ח
ח	ל	ם	ס	מ	ב	ת	פ	צ	צ	ת	פ	ג	נ	ג
פ	נ	ב	ר	י	ע	ר	ק	ה	ק	י	נ	ט	ו	ב
ש	ו	ב	ף	ר	ח	ת	י	י	ת	ע	ד	ט	ב	ר
ה	ל	ע	ק	ק	ט	ו	ס	י	ט	ו	ג	ד	ף	ד
ד	ע	ב	ל	ש	ת	כ	ו	ח	ן	ע	כ	א	ד	ל
ן	ן	ש	ר	ו	ש	י	ס	מ	ת	ש	ג	ל	ג	א
ם	ר	נ	ת	ל	ע	ל	ה	צ	ב	ס	ן	ד	ט	ת
כ	ל	ן	כ	ג	ע	ע	ן	ן	ג	ט	ו	ע	ת	ג
ח	ע	ט	צ	ש	ה	ר	ח	ב	ט	ל	ף	ג	ב	ד
ע	ה	ן	נ	ג	ס	ב	נ	א	ה	נ	ג	א	ם	ס
ב	ר	ם	י	.	ל	ָ	ע	ץ	ע	ר	ח	א	נ	א
ק	ו	ב	מ	ב	ף	נ	ד	ס	ג	ם	ן	ר	ל	ט

דשן
פרח
עלה
עָלים
יער
גן
טחב
עלי כותרת
שורש
צמחייה

עץ
ברי
במבוק
בוטניקה
קקטוס
בוש
לגדול
קיסוס
דשא
שעועית

15 - Spezie

ג	ד	מ	פ	ח	ש	ש	ם	מ	ם	צ	ן	ם	ר	כ
ח	פ	צ	א	פ	ר	מ	ו	ש	כ	ש	ן	ט	ף	ס
פ	ל	פ	ל	ף	ר	ג	ת	ש	מ	מ	ת	ו	ק	ט
ח	ה	מ	י	א	ג	י	א	נ	ר	א	ע	ע	ם	צ
ח	ש	ע	נ	נ	נ	ר	ק	ט	י	ם	מ	ן	כ	מ
ס	ד	ב	ו	ג	י	א	ג	ה	ר	מ	ם	ם	כ	ו
פ	נ	ה	ד	ב	ג	ק	ן	ר	פ	ע	ז	כ	צ	ס
ע	כ	ו	ר	כ	ו	ם	ן	ב	נ	ש	נ	ח	ג	ק
ט	מ	מ	צ	ה	ר	ו	ף	ס	י	נ	א	ע	ן	ט
כ	מ	ו	ן	ת	א	ש	א	ו	ח	ס	ג	ת	נ	ד
ט	ד	פ	א	א	ע	ם	ש	כ	ה	ם	ב	ף	ל	נ
מ	מ	ת	ל	ל	ר	ג	ג	כ	ף	כ	מ	ל	ב	צ
ף	ן	ק	י	נ	מ	ו	ן	ש	ף	ע	כ	ע	ג	ג
ט	ל	ת	צ	ב	נ	ל	ט	ע	מ	ב	צ	ל	מ	ה
ם	מ	ע	ס	נ	א	פ	ע	ב	מ	ף	מ	ן	א	ף

שום
מריר
אניס
קינמון
הל
בצל
כוסברה
כמון
כורכום
קארי

מתוק
שומר
שוש
מוסקט
פפריקה
פלפל
מלח
וניל
זעפרן
ג'ינג'ר

16 - Numeri

פ	נ	ב	ת	ל	צ	ת	ב	ע	ע	ב	ר	א	ב	ח
ח	נ	ר	ש	ע	ה	נ	ו	מ	ש	ש	ה	ף	ש	ל
ף	ש	ש	ע	ש	ש	נ	ר	ף	ת	א	ר	ס	ל	ח
ה	ת	ע	ע	ב	מ	ר	ע	א	נ	ש	ש	ו	ל	ש
כ	י	ה	ש	ע	ח	ד	ש	ה	ם	פ	ע	ב	נ	צ
ר	י	ע	ר	ע	ב	ש	ד	ט	ף	ה	ש	ת	מ	י
ט	ם	ב	ה	ש	צ	מ	פ	ש	ן	ע	ו	ר	ף	ף
ס	ל	ר	ר	ע	ר	ל	נ	ם	ט	ן	ל	ח	א	ה
ס	פ	א	ש	ה	ל	ם	ר	ש	ע	ה	ש	י	מ	ח
פ	ס	ג	ע	ש	מ	ת	י	ב	צ	מ	מ	פ	ם	ס
ס	ש	צ	ש	א	ם	ס	א	נ	ת	ח	א	צ	ס	ט
ד	ח	ט	ש	ת	ש	ע	ע	ג	ש	ש	ף	ן	ל	ן
ע	ש	ר	י	ם	ף	ב	ה	ר	ד	ש	ת	כ	ט	ן
צ	ש	מ	ו	נ	ה	א	נ	ר	ל	ב	נ	ף	ש	ף
ב	ה	א	כ	ן	א	ש	נ	ע	ל	ס	ע	ב	ט	ת

ארבעה עשר
ארבע
חמישה עשר
שש עשרה
שש
שבע
שלוש
שלוש עשרה
עשרים
אפס

חמש
עשרוני
תשע עשרה
שבע עשרה
שמונה עשר
עשר
שנים עשר
שתיים
תשע
שמונה

17 - Cioccolato

ט	ת	ח	ג	ב	נ	ן	ו	כ	ת	מ	ח	ד	ס	ד
ג	ת	ש	ס	מ	ן	צ	ג	פ	ב	ת	ו	כ	י	א
נ	א	ע	ע	ס	מ	ד	א	צ	ד	ט	צ	א	ב	ה
ו	ק	ת	כ	ל	ו	כ	א	ל	ת	ק	ו	ת	מ	ק
ג	ז	א	ף	ב	פ	ע	א	ל	ע	ם	ה	ר	ל	ת
ד	ו	ס	ו	כ	ר	נ	ב	ש	ה	ר	ף	ו	ק	מ
ח	ט	ט	ע	ם	י	נ	ט	ו	ב	ב	ר	מ	ר	מ
מ	י	ל	י	צ	ר	ל	ן	ו	צ	י	ם	א	מ	ש
צ	א	ע	צ	ש	מ	ר	ה	ל	ו	ף	צ	ב	ל	ב
ו	ט	ק	ה	ס	ב	א	ת	ת	ל	ב	ו	א	ק	ק
ן	ם	ב	ו	ב	מ	צ	ף	ח	ל	ע	ס	ע	צ	ס
ר	נ	ק	ת	ו	ק	ק	ו	ת	ש	ה	ב	ף	ש	ח
פ	פ	ו	ל	ף	ל	ש	ט	ח	ג	ק	ף	ע	ל	ל
ף	ן	ס	מ	ח	ב	י	כ	ר	מ	ב	פ	צ	פ	ן
ן	ד	ס	ת	ף	ס	ת	ס	ה	ב	א	ל	פ	ף	ג

אקזוטי
טעם
מרכיב
לאכול
קוקוס
אבקה
אהוב
איכות
מתכון
סוכר

מריר
נוגד חמצון
בוטנים
השתוקקות
קקאו
קלוריות
ממתק
קרמל
טעים
מתוק

18 - Guida

ת	ח	ב	ו	ר	ה	פ	א	ם	ט	ם	מ	ס	ב	ף
ו	ס	ד	ט	ם	כ	ן	ו	י	ש	י	ר	ו	נ	מ
ח	כ	ל	ף	כ	מ	מ	ט	מ	ם	ש	ח	ח	ס	ש
י	נ	ק	ל	ג	ם	פ	ו	ל	מ	ר	מ	פ	ה	ך
ט	ה	ם	צ	א	ג	ת	ב	ב	ת	פ	ס	צ	ר	ע
ב	ס	ם	ע	צ	ו	נ	ו	ס	ם	ה	ח	ה	ה	צ
ס	ט	ג	ן	ת	ס	פ	ס	ל	צ	ת	א	ו	נ	ה
ם	כ	ת	נ	ו	ע	ה	נ	ן	ע	י	ח	ם	מ	מ
ז	ש	ל	ג	ר	י	כ	ל	ו	ה	נ	ג	ף	ר	ש
ר	ה	ע	מ	י	ע	ח	ל	ר	ע	ו	נ	מ	ף	ט
ד	צ	י	ה	ה	ם	א	ס	ע	ח	כ	ר	א	ס	ר
ד	ש	נ	ר	מ	פ	מ	ת	ג	ר	מ	ט	ע	ר	ה
מ	ף	ב	ג	ו	פ	ד	ת	ן	מ	ם	ף	ט	ג	ג
ה	ף	ע	צ	פ	ת	פ	ג	ל	א	א	ט	ע	ע	פ
ס	ג	ן	ד	ב	מ	ג	ז	ש	א	ט	ל	צ	ד	א

אופנוע
מנוע
הולכי רגל
סכנה
משטרה
בטיחות
תנועה
תחבורה
מנהרה
מהירות

זהירות
מכונית
אוטובוס
דלק
בלמים
מוסך
גז
תאונה
רישיון
מפה

19 - I Media

ת	ג	ם	ל	ש	ט	ד	ס	ת	ג	ד	ש	ש	ה	מ
ר	ק	ן	ס	ן	ן	י	ד	ע	מ	ל	ד	ם	ת	י
ע	ג	ש	א	ף	נ	ג	פ	ש	ס	צ	א	ף	ח	מ
ט	ה	מ	ו	ע	נ	י	י	י	ח	ש	ן	א	ב	ו
ל	י	פ	ש	ר	ג	ט	ל	י	ר	ג	ף	מ	ם	ן
ש	ז	ם	ד	ף	ת	ל	א	ה	י	ח	ת	נ	פ	נ
צ	י	ב	ו	ר	ה	י	ו	ע	י	ת	ו	נ	י	ם
ע	ו	ם	ח	ד	ס	א	ט	ד	ע	ש	ב	ח	ל	ם
ש	ו	ת	ף	ל	ת	ח	ק	ה	ח	ש	ן	ף	א	ן
ש	ל	ב	א	ת	ב	י	ל	פ	ר	ס	ו	מ	ו	ת
פ	ט	ף	ד	ח	ב	נ	ט	ע	פ	ת	פ	ט	ה	נ
ש	כ	ר	ן	ו	ת	ו	נ	ו	מ	ת	ו	ד	מ	ע
ה	ר	ש	ע	ף	ת	ך	י	מ	ק	ו	ו	ן	ף	כ
ד	צ	ת	כ	ן	ח	ה	א	ד	מ	ה	ד	ו	ר	ה
מ	ק	ו	מ	י	כ	ה	מ	ב	ר	ף	א	נ	ת	ד

תעשייה
אינטלקטואלי
מקומי
מקוון
דעה
פרסומות
ציבור
רדיו
רשת
טלוויזיה

עמדות
מסחרי
תקשורת
דיגיטלי
מהדורה
חינוך
עובדות
מימון
תמונות
עיתונים

20 - Forza e Gravità

ן	מ	ז	ס	ם	צ	ה	ש	פ	ע	ה	ד	ח	ת	ן
ר	ג	א	נ	א	ל	ג	ף	ת	ף	ת	ב	י	ג	ב
ש	נ	ה	ש	ף	ם	י	ס	כ	נ	ס	ד	כ	ח	נ
ב	ט	א	ר	ג	ט	ל	צ	כ	ט	פ	ס	ו	ל	ד
פ	י	ל	ו	ח	ף	ו	ע	ת	מ	י	נ	ך	מ	א
ס	ו	ת	ג	נ	ב	י	ם	ש	ב	ז	כ	ר	מ	ח
ר	ת	ת	ו	ר	י	ה	מ	ש	ד	י	פ	מ	פ	ל
מ	כ	ג	ח	ה	ד	ב	ח	ס	ן	ק	ח	ר	מ	ת
ח	ל	ד	י	נ	מ	י	ר	נ	ל	ה	ס	י	ח	נ
ב	י	ל	ע	ב	מ	ן	ר	ס	ג	ו	ן	צ	א	ו
ם	ב	ח	כ	ב	צ	ן	צ	ת	ל	ת	ל	מ	ג	ע
ל	כ	ץ	ר	פ	ף	ט	ן	ה	ק	י	נ	כ	מ	ה
ד	ו	ט	ם	ש	ם	נ	ס	א	ש	ע	ח	ס	ם	ל
צ	כ	מ	ם	א	ש	א	ם	ר	מ	צ	ם	ן	א	ד
ה	ף	ן	נ	ס	ע	ת	כ	מ	ד	ח	ת	ן	א	ש

ציר
חיכוך
מרכז
דינמי
מרחק
הרחבה
פיזיקה
השפעה
מגנטיות
מכניקה

תנועה
מסלול
משקל
כוכבי לכת
לחץ
נכסים
גילוי
זמן
אוניברסלי
מהירות

21 - Sport

מ	י	צ	ס	מ	ה	ם	ח	ג	פ	ס	ט	ת	ד	ע
מ	ל	כ	מ	ף	מ	ף	כ	ה	ל	ה	כ	ר	ם	ע
ם	ם	ד	ו	ד	ם	מ	ה	ה	כ	ש	ה	ש	ע	ן
ש	ף	מ	ר	ל	ע	ט	ג	מ	ם	ט	צ	ח	צ	ם
ח	ת	ת	ט	ל	ת	ר	ש	ר	י	ר	י	ם	מ	ר
ן	צ	ם	כ	ב	ד	ה	כ	ו	ח	ם	ר	ע	ו	ס
פ	ד	ח	ג	ר	ו	נ	א	ל	ם	ם	כ	ש	ת	פ
נ	ש	פ	ם	ל	ק	ל	ר	ת	ז	ו	נ	ה	י	ו
צ	ת	ט	ד	ד	י	מ	י	פ	ה	פ	כ	ר	נ	ר
ה	ג	ח	י	ש	ר	ט	א	ד	י	א	ט	ה	כ	ט
ע	ס	ח	ל	ש	ח	ו	ת	מ	ש	ה	ן	ן	ת	ב
ב	מ	ח	כ	ב	ף	ת	ש	ב	ן	ד	ר	ח	א	ס
ג	ב	ד	ו	ף	ת	ש	צ	ס	פ	ו	ר	ט	א	י
ף	ס	ת	ב	ל	מ	ק	ס	ם	ב	ר	י	א	ו	ת
כ	ל	ת	ל	ו	ב	י	ס	ס	ה	ן	ש	ג	ו	ף

מטבולי
שרירים
לשחות
תזונה
מטרה
עצמות
תכנית
סיבולת
בריאות
ספורט

מאמן
ספורטאי
יכולת
לב וכלי דם
גוף
ריקוד
דיאטה
כוח
ריצה
למקסם

22 - Uccelli

ה	ה	ח	ד	ד	פ	ן	ת	ץ	צ	ר	ס	ש	ח	ר
ד	ר	ו	ר	צ	י	ע	ה	פ	נ	א	ו	ו	ז	ג
ב	כ	ה	מ	א	נ	י	ג	ט	א	ד	ו	ל	ל	ב
ד	ם	ח	ן	ת	ג	ת	ו	ס	ף	ד	ט	כ	ט	ר
נ	כ	נ	ל	ן	ו	ל	פ	נ	מ	צ	ד	ד	ף	ב
כ	כ	ע	ס	ח	ו	ה	נ	ד	ה	ד	י	ס	ח	ו
ל	ע	צ	נ	פ	י	כ	פ	ש	ס	ד	ע	מ	ש	ר
ה	ט	ה	נ	ל	ן	צ	ש	ת	ר	נ	ב	ב	ג	ש
ח	א	ר	ג	מ	ש	פ	ק	ת	ת	ח	ב	ג	כ	כ
א	א	ה	ף	י	ף	ף	נ	נ	ת	נ	ר	מ	ע	צ
ט	ע	ל	ג	נ	ח	ן	א	ק	ו	ט	ו	ג	צ	ב
ם	ל	ב	כ	ג	ח	כ	י	ף	כ	ס	ו	ף	ם	ר
ע	ו	ף	ה	ו	ס	ב	נ	ף	י	ט	ז	ה	מ	נ
ב	י	צ	ה	ב	ם	ע	ה	ד	ש	ד	מ	א	ן	כ
צ	ק	ו	ק	י	י	ה	צ	ר	צ	ה	כ	ב	ט	א

תוכי
דרור
טווס
שקנאי
יונה
פינגווין
עוף
יען
טוקאן
ביצה

אנפה
ברווז
נשר
חסידה
ברבור
קוקייה
נץ
פלמינגו
שחף
אווז

23 - Giorni e Mesi

ש	ד	ע	פ	א	ח	ה	ה	ח	ה	ע	י	ל	ר	י
ח	נ	נ	ת	ו	ל	ו	ח	ש	נ	ה	ו	ש	ן	ו
ש	מ	ה	ס	ג	ד	ד	ר	צ	כ	ט	ם	ב	ו	ם
י	ט	ס	פ	ו	א	צ	מ	ח	א	ב	ש	ם	ש	ר
ו	ג	מ	ט	ס	ן	נ	מ	ן	ב	ט	ל	ד	א	ב
ם	ש	ס	מ	ט	ב	ב	צ	ב	מ	ף	י	צ	ר	י
ש	ד	ן	ב	י	נ	ו	א	ר	ר	ס	ש	א	ם	ע
י	ה	ש	ר	ב	מ	ב	ו	נ	צ	א	י	ו	ו	י
ש	ל	פ	ב	ר	ו	א	ר	ן	ד	ט	נ	ק	י	ת
י	ד	א	ט	ל	ב	ם	ן	צ	ל	ב	ש	ט	י	פ
א	י	ו	נ	י	י	ו	ם	ש	ב	ת	ם	ו	ו	ח
ט	ם	ף	א	ר	ב	ד	ף	ד	ב	ח	ו	ב	ל	ם
ב	ד	ד	ע	פ	כ	ט	ש	כ	ת	ת	י	ר	י	ח
ח	ו	ד	ש	א	ף	ל	ל	ף	נ	ע	ה	צ	ס	כ
ג	נ	ש	ס	ס	ף	מ	מ	ד	מ	מ	ב	ט	ס	ה

אוגוסט
שנה
אפריל
לוח שנה
דצמבר
יום ראשון
פברואר
ינואר
יוני
יולי

יום שני
יום שלישי
יום רביעי
חודש
נובמבר
אוקטובר
יום שבת
ספטמבר
שבוע
יום שישי

24 - Casa

ש	ר	ל	ן	נ	נ	ט	ס	מ	כ	צ	ב	מ	ף	ת
ח	א	ר	ג	מ	א	ח	ב	ט	מ	ן	א	ו	ן	ם
ח	פ	ף	ר	פ	ק	ר	מ	נ	ו	ר	ה	ס	מ	ת
מ	ט	א	ט	א	ה	ל	צ	צ	ף	ד	י	ך	א	ק
ף	ל	ש	ד	ת	ש	ח	ח	פ	כ	ג	ר	מ	ל	ר
כ	ב	ט	ב	ע	ן	ג	י	ת	ה	ש	פ	ר	פ	ה
ם	ל	ש	א	ב	ב	ם	ט	ע	ן	ב	ס	א	נ	ש
ע	כ	ה	ק	כ	ה	ב	ש	צ	ד	ע	ג	ה	ן	ח
ח	ל	מ	י	ד	ג	נ	ת	צ	ל	ס	ש	ן	ש	ר
ל	ת	י	ר	ל	ס	צ	ח	ד	ר	ד	מ	ם	צ	ע
ו	צ	ן	י	ת	נ	ד	פ	ל	נ	ד	ת	ס	ן	כ
ן	ם	ב	ב	ת	א	ר	ת	ם	ן	צ	ב	ס	ג	כ
ג	ף	ר	ל	מ	ג	ח	ד	ה	ח	ס	נ	מ	ב	ב
ף	ט	ז	נ	ג	ג	ג	ע	ש	ש	ם	ן	ף	ל	ח
נ	ה	כ	ה	כ	ב	פ	ל	ב	ה	ן	ד	ס	ס	ח

עליית גג
ספריה
חדר
אח
מטבח
מקלחת
חלון
מוסך
גן
מנורה

קיר
רצפה
דלת
גדר
ברז
מטאטא
תקרה
מראה
שטיח
גג

25 - Ristorante #1

ר	כ	א	ב	ם	ע	ר	נ	א	ל	ף	צ	א	פ	ד
ף	ד	ס	ם	ג	ב	ר	ש	ל	פ	צ	ד	ח	ן	ש
ל	ה	ט	ת	ע	ף	ש	ע	ר	ס	פ	ס	ל	ט	ת
ט	מ	ת	י	א	פ	ו	ק	ג	ש	ל	ח	פ	א	ט
ב	מ	י	פ	ה	ד	א	ם	י	ב	י	כ	ר	מ	מ
ן	כ	ר	ש	ר	ש	ב	ר	ה	ע	מ	ז	ו	ן	ר
ן	ת	צ	ן	ע	י	ב	ע	ו	ף	י	ר	ח	ת	ח
ה	ע	ל	ף	ק	ב	ט	ק	ס	כ	י	ן	ח	ס	ט
מ	ל	מ	ת	צ	ט	ו	מ	י	ה	ל	א	ב	ו	ל
ה	ף	מ	ם	ל	ג	ר	ס	ד	נ	מ	פ	י	ת	ח
ש	ן	ט	צ	ש	ג	ח	צ	ן	מ	ו	ם	פ	פ	פ
פ	ף	ב	ן	ד	ע	כ	ל	ח	ז	ת	ח	ל	צ	ק
א	ר	ח	ר	ע	ב	ם	ה	ב	ה	ע	ל	ם	ח	פ
צ	צ	ח	פ	צ	ר	ת	ר	ר	מ	ף	א	ע	ת	ה
ט	ט	נ	ם	ה	ח	ח	מ	נ	ל	נ	נ	ם	ס	ס

אלרגיה
קפה
מלצרית
בשר
קופאית
מזון
קערה
סכין
מטבח
קינוח

מרכיבים
לאכול
תפריט
לחם
צלחת
חריף
עוף
הזמנה
רוטב
מפית

26 - Fantascienza

ב	א	ט	ת	ג	ש	ב	א	ג	ט	ג	ב	ט	ש	א
צ	ב	ה	כ	ר	ד	א	ש	א	ל	ח	ש	ח	ד	פ
מ	ד	מ	ל	נ	ס	א	ל	ד	א	ב	א	ס	צ	ן
א	ש	ש	ב	ץ	ו	צ	י	פ	מ	מ	ף	ע	ל	כ
ט	ש	א	כ	ב	ע	ל	ה	ר	ו	ב	ו	ט	י	ם
ו	י	מ	ו	ם	ר	א	ו	ם	ט	ב	ח	ג	ב	י
מ	ח	נ	כ	ה	ר	ל	ב	ג	ס	ר	ר	ם	פ	ר
י	ר	ה	י	פ	ו	ט	ו	א	י	ט	ס	ט	נ	פ
ע	ת	י	ד	נ	י	ף	ל	ם	ו	ה	ן	ף	נ	ס
ק	ב	ס	ם	כ	נ	כ	פ	ד	י	ר	ו	ת	ס	מ
נ	ו	ק	כ	ף	ו	ע	ו	ל	ם	ת	ק	ל	ע	ט
ת	כ	ל	מ	ה	י	פ	ו	ט	ס	י	ד	ל	ב	ט
ג	מ	ג	נ	צ	מ	ע	פ	מ	ן	ת	ט	ב	ע	ל
ף	ח	כ	א	ו	ד	צ	ק	י	צ	ו	נ	י	נ	ל
ט	ס	ן	ל	ס	ע	ת	ן	ן	ג	ד	ד	כ	ן	ח

אטומי
קולנוע
דיסטופיה
פיצוץ
קיצוני
פנטסטי
אש
עתידני
גלקסיה
אשליה

דמיוני
ספרים
מסתורי
עולם
אורקל
כוכב לכת
רובוטים
תרחיש
טכנולוגיה
אוטופיה

27 - Città

ח	ש	נ	ב	ג	מ	ס	ע	ל	נ	ס	ב	ב	פ	ג
ל	ד	ע	י	א	ו	ש	ו	פ	ם	כ	ה	י	ר	ן
פ	ה	ת	ת	ת	ז	כ	נ	פ	י	ל	ט	ת	ח	ח
א	ת	ע	מ	ה	י	ר	ל	ג	ר	ן	י	ס	י	י
ף	ע	ף	ר	ד	א	ש	ו	ר	פ	מ	ס	פ	ם	ו
ח	ו	ד	ק	ר	ו	פ	ק	ג	ס	ט	ר	ר	ג	ת
נ	פ	ל	ח	ב	ן	א	ר	א	ת	ל	ב	ק	ו	ש
ו	ה	מ	ת	מ	ם	א	ח	מ	ו	ם	י	נ	ט	ל
ת	א	מ	ל	ס	פ	ר	י	ה	נ	ן	נ	ב	א	ג
א	ם	ן	ג	ו	ד	ע	ע	ב	ח	ח	ו	נ	ן	ד
ב	ג	ד	צ	נ	ן	ו	י	ד	ט	צ	א	ת	כ	ע
ת	י	א	ט	ר	ו	ן	ע	ד	מ	א	פ	י	י	ה
ע	ף	ט	ח	צ	ה	ש	כ	ט	צ	ת	פ	ע	ם	ד
א	ן	פ	ס	כ	ט	צ	כ	ת	ד	ג	ת	ג	ת	פ
מ	ר	נ	ב	ח	ט	ד	ב	מ	ם	ר	ת	כ	ב	ה

שוק
מוזיאון
חנות
מאפייה
בית ספר
אצטדיון
סופרמרקט
תיאטרון
אוניברסיטה
גן חיות
שדה תעופה
בנק
ספריה
קולנוע
מרפאה
בית מרקחת
פרחים
גלריה
מלון
חנות ספרים

28 - Fattoria #1

ד	ח	ע	ד	א	ס	א	ן	ן	ס	כ	א	ב	ד	ת
נ	צ	ע	ז	ר	ו	א	ד	ב	ש	ל	צ	ע	ש	ח
ם	י	מ	ן	ו	ף	ב	כ	ט	כ	ב	א	ג	ן	ה
ל	ר	ב	ב	מ	ב	ת	ב	ע	צ	נ	ן	מ	נ	ס
ב	ד	ה	ם	ח	ב	ת	ן	ד	ו	ע	א	צ	ג	ן
ת	ג	ג	צ	א	ה	צ	ש	ס	ש	ף	נ	ל	ג	ף
ד	ב	ו	ר	ה	ד	ט	ש	ף	ח	ם	ב	פ	מ	ת
מ	פ	פ	ן	ר	ט	נ	א	צ	ד	ט	ת	ט	ח	ז
ג	א	ה	ה	פ	ש	ד	ה	ח	ה	נ	ח	נ	ר	ר
ף	ח	ף	ף	ע	צ	ת	ח	ר	ן	ף	ל	ש	א	ע
ר	ל	צ	ח	ע	ת	ה	ד	ת	ו	א	ל	ק	ח	י
ח	ז	י	ר	ג	ד	ט	ט	ל	ו	נ	כ	ס	מ	ם
נ	ג	ש	ב	ל	כ	ף	ח	ע	ע	ל	ט	ו	נ	ר
פ	ה	א	ה	צ	כ	ם	פ	ע	ג	ט	ט	ס	ל	נ
ם	צ	ת	ס	צ	ם	ד	ח	ס	ע	ת	ע	ח	ח	צ

מים
חקלאות
דבורה
חמור
שדה
כלב
עז
סוס
דשן
חציר

חתול
צאן
חזיר
דבש
פרה
עוף
גדר
אורז
זרעים
עגל

29 - Psicologia

ם	ם	ר	ה	ת	ן	ל	ל	ע	ה	ש	ח	ת	ר	ט
ג	ב	ר	ת	מ	ם	ס	א	ם	ד	ם	ו	פ	נ	ע
ר	ת	ן	נ	ה	ש	צ	מ	ש	ף	א	ו	י	ן	ם
פ	ה	א	ג	א	ג	ן	ו	ב	נ	נ	י	ס	ל	ה
ר	ם	ל	ש	ב	ת	ג	ד	ח	ע	ט	ו	ה	פ	ח
ה	ג	ל	ו	פ	י	ט	ע	ע	א	י	ת	ב	ח	ג
ק	מ	ש	ת	ר	ע	י	ו	נ	ו	ת	ה	ר	ה	ר
ו	ב	נ	ו	ו	ט	ש	ס	פ	ה	ו	ש	ע	ס	ב
ג	ן	נ	ד	ת	ד	ף	נ	ה	ת	מ	ל	ה	ח	ם
נ	פ	מ	נ	ק	ג	ל	ת	א	נ	ו	ט	ף	צ	ר
י	ש	ש	ט	ל	ת	מ	י	ג	ה	ל	ס	ה	ן	ת
צ	ף	ת	ו	י	ש	י	א	ו	ג	ח	ג	ט	צ	ח
י	ל	ב	נ	נ	ה	ב	ד	ת	ו	ב	ש	ח	מ	ו
ה	א	ם	ל	י	ח	ג	ף	ח	ת	מ	מ	ע	מ	ש
ע	פ	ה	ש	פ	ע	ו	ת	מ	צ	י	א	ו	ת	ה

השפעות
מחשבות
תפיסה
אישיות
בעיה
מציאות
תחושה
חלומות
טיפול
הערכה

קליני
קוגניציה
התנהגות
התנגשות
אגו
רגשות
חוויות
רעיונות
לא מודע
ילדות

30 - Paesaggi

נ	ר	ף	ת	ד	ג	ף	ם	נ	ג	ג	ש	ב	ר	ת
צ	ה	ע	א	א	צ	ל	ט	ב	נ	י	א	ג	א	ב
פ	ר	ש	ן	ו	ח	ר	ק	ש	ט	א	י	ש	מ	ה
ג	ר	ם	ה	נ	א	פ	מ	ר	ל	ה	ל	ז	ד	ם
א	ף	ת	ן	מ	ה	ז	ע	נ	צ	י	ש	צ	ר	ס
ט	ו	נ	ד	ר	ה	ר	י	ד	ב	צ	ש	ם	ף	מ
פ	ח	ד	מ	כ	ר	ן	ר	ס	ב	ח	ם	ל	מ	ד
ח	פ	כ	ה	פ	ע	ל	ם	ס	פ	נ	ה	צ	י	ב
נ	ט	ל	ן	ם	מ	ד	י	ו	נ	ו	ת	ן	ן	ר
פ	ב	ם	ח	א	ן	ח	ם	נ	ה	כ	ל	ש	ה	מ
א	ג	ם	ן	ג	ט	ע	כ	י	ש	מ	ר	ת	ט	ט
ס	ב	י	ג	ב	א	מ	ס	י	ט	כ	ט	ף	ג	פ
ף	כ	ן	ש	ע	ג	ר	ה	ק	ס	ה	ט	פ	ד	ף
מ	פ	ל	ע	ה	ח	ע	ד	ו	פ	ע	מ	ל	ד	ר
ס	ל	ס	ט	ד	ה	מ	כ	א	כ	ם	ש	צ	ה	ס

ים
הר
אואזיס
אוקיינוס
ביצה
חצי האי
חוף
טונדרה
עמק
הר געש

מפל
גבעה
מדבר
דיונות
נהר
גייזר
קרחון
מערה
אי
אגם

31 - Energia

ס	א	ל	ק	ט	ר	ו	ן	ר	ע	ב	ש	מ	ד	פ
ר	ב	ם	פ	ס	ל	ן	ע	ם	נ	כ	נ	ר	ק	ו
ו	ר	י	ל	מ	ש	ח	ת	ע	ש	י	י	ה	י	ט
ח	ע	ע	ב	ג	ס	ט	ו	ר	ב	י	נ	ה	ט	ו
ט	ם	ג	כ	ה	מ	ו	כ	מ	ע	ח	פ	ט	ו	ן
ט	ד	ש	ן	י	י	ה	ל	ג	ר	ן	מ	ס	ר	ל
ה	ש	ם	ח	פ	מ	ע	ז	ל	ר	ן	ע	ש	ט	ת
ת	ל	ט	צ	ו	ן	ד	י	ר	ה	ע	ו	נ	מ	ת
ע	ן	ג	ש	ר	מ	ר	ד	ד	ל	ק	י	ס	ג	ב
כ	ל	כ	ע	ט	ח	ב	נ	ז	י	ן	ס	נ	ש	ת
ת	ף	ב	מ	נ	פ	ז	י	ה	ו	ם	פ	ח	י	ה
ן	ל	כ	ס	א	צ	ח	ש	ד	ח	ת	מ	ם	ן	ט
ת	ע	מ	ם	א	ש	כ	ע	ן	ו	ר	ן	ש	ח	ש
כ	ס	ש	פ	ב	צ	ב	ר	ר	ם	כ	ח	פ	מ	ע
ב	פ	ם	מ	ט	ר	ג	פ	ם	ב	ן	ש	א	צ	א

פוטון
מימן
תעשייה
זיהום
מנוע
גרעיני
מתחדש
טורבינה
קיטור
רוח

סביבה
סוללה
בנזין
חום
פחמן
דלק
דיזל
חשמלי
אלקטרון
אנטרופיה

32 - Ristorante #2

ע	מ	ף	ס	פ	ן	ש	ה	כ	מ	ח	ת	ח	ן	ת
ר	ה	ת	ל	כ	ח	ב	ב	ס	ש	ז	ה	א	ה	כ
ס	ט	ש	ט	ג	ר	ל	ב	ם	ם	נ	ל	ה	מ	א
א	ר	ו	ח	ת	צ	ה	ר	י	י	ם	ג	ג	ת	ר
ב	כ	מ	ל	ת	ג	כ	מ	ד	נ	מ	ה	ד	א	מ
פ	כ	י	מ	ש	ס	ם	ן	א	י	ף	א	ט	ב	כ
י	ח	ף	ס	מ	ם	ש	ס	ג	ל	ט	כ	צ	ן	כ
ר	צ	ל	מ	א	ל	ף	ם	ת	ב	ג	ף	ן	מ	ן
ו	ג	ס	מ	צ	נ	כ	ש	ם	ת	ם	י	צ	י	ב
ת	ו	ק	ר	י	פ	א	ק	י	ח	ה	א	ם	ם	מ
ט	ש	ב	ם	ל	מ	ב	ר	ע	ת	ח	ו	ר	א	ר
ש	נ	ף	ע	ו	ג	ה	ח	ט	ם	ם	ם	ן	ג	ק
מ	ס	ן	ה	ט	ן	נ	ת	ס	ג	ט	ב	מ	פ	צ
צ	ת	ל	ר	ט	ג	ה	ט	כ	ת	ן	ל	א	ג	מ
ב	ת	ד	ת	ר	ל	ן	מ	ש	ן	א	ש	ם	ח	ס

מים
מתאבן
מלצר
ארוחת ערב
כף
טעים
מזלג
פירות
קרח
סלט

מרק
דג
ארוחת צהריים
מלח
כיסא
תבלינים
עוגה
ביצים
ירקות

33 - Moda

ה	מ	ג	מ	מ	ת	ח	ר	ה	נ	כ	ד	ס	נ	מ
ג	ן	ו	ף	ס	ע	ע	ע	פ	ל	ג	נ	ל	פ	י
כ	ט	ב	ד	ש	ד	ש	ק	פ	ס	פ	ף	א	ל	נ
ל	ע	ט	ב	ר	ת	כ	י	ש	ר	ק	מ	ה	נ	י
ב	ח	ו	נ	מ	נ	מ	ט	ו	ם	פ	פ	ס	ם	מ
מ	י	צ	נ	ה	נ	י	ו	ט	מ	ן	ה	ס	ן	ל
ת	ק	צ	נ	ר	ב	ר	ב	צ	נ	ו	ע	א	ס	י
ף	ר	נ	ן	י	ש	ו	כ	ס	ט	נ	מ	ל	ח	ס
מ	י	ד	ו	ת	ם	ק	ר	מ	מ	ג	ם	ג	ש	ט
ט	כ	ב	ע	י	כ	מ	ש	ל	פ	ס	ש	נ	ל	י
ם	ר	ת	ח	נ	ח	צ	ד	ד	ר	ב	ף	ט	ט	ש
ה	ד	ף	כ	ב	ו	ע	כ	ל	ע	א	ד	י	ע	ם
ם	ה	ב	ף	ת	ת	ח	ש	ם	ר	ג	ט	ג	ב	ש
ף	ח	ג	נ	ס	מ	ן	מ	ב	ף	ר	ף	ף	ש	ד
ח	ס	כ	ח	ל	נ	א	ב	ה	ח	ד	ן	ר	נ	ה

תחרה
מעשי
לחצנים
רקמה
פשוט
מתוחכם
סגנון
מגמה
בד
מרקם

בוטיק
יקר
נוח
אלגנטי
מינימליסטי
מידות
תבנית
מודרני
צנוע
מקורי

34 - Giardino

ס	ל	ע	י	ם	י	ט	ו	ש	ם	י	ב	ש	ע	מ
ד	א	ס	ב	ו	ש	ב	ג	ה	ת	כ	ד	ח	ג	מ
ח	ג	ד	פ	ש	ב	ר	ע	ג	ן	ם	א	ף	ם	ע
ה	ד	ף	צ	ס	מ	י	נ	ל	ת	ש	צ	ד	ע	ב
ג	ש	ס	ד	א	ג	כ	ט	ע	מ	צ	י	נ	ו	ר
מ	א	ף	ש	ח	פ	ה	ה	מ	ט	ת	ה	ס	ר	ט
ג	מ	ו	ס	ך	ן	מ	ש	ד	ש	ן	נ	מ	נ	ס
ר	ד	ג	ר	ס	ה	ר	ץ	ג	ג	כ	י	ל	ד	ש
פ	צ	ה	מ	ר	פ	ס	ת	ע	ר	ס	ל	ט	א	א
ה	ם	ח	ת	ט	ג	ב	ר	ן	ם	א	ו	ט	ד	ש
ה	ע	ס	ד	ע	נ	ט	צ	פ	ב	ף	פ	ל	ע	א
ט	ם	ג	צ	ף	צ	ש	ן	ל	ד	פ	מ	ט	נ	ח
ה	ד	ן	ת	פ	ר	ח	ב	ל	צ	ן	ר	ס	נ	ש
ד	ד	ש	ף	ח	ח	ם	מ	ם	מ	כ	ט	ד	פ	ס
ב	ב	ף	ס	ג	ד	א	ת	ח	פ	י	ר	ה	ס	ט

המרפסת
מגרפה
גדר
סלעים
בריכה
אדמה
טרסה
טרמפולינה
צינור
גפן

עץ
ערסל
בוש
דשא
עשבים שוטים
פרח
מוסך
גן
את חפירה
ספסל

35 - Riscaldamento Globale

ח	ה	ל	ט	ם	ש	ב	א	ב	ה	כ	א	ט	ש	ס
כ	ק	ש	ר	ס	ן	ת	ר	ש	מ	ר	ו	ת	ד	ב
נ	ם	י	ל	ק	א	י	ק	ר	ף	כ	כ	ע	פ	ב
ע	כ	ד	ק	ט	ז	ג	ט	ת	ו	כ	ל	ש	ה	י
ט	כ	ם	מ	ה	מ	י	י	ל	ל	נ	ו	י	ת	נ
ן	ר	ש	ש	צ	מ	ד	מ	ש	ב	ר	ס	י	ה	ל
ד	ל	ף	י	ה	ש	ו	ד	א	ד	ע	י	ה	ש	א
ב	ל	ח	ה	ו	ל	ל	פ	ם	ל	ט	ו	א	צ	ו
מ	ש	א	ס	ן	ה	ף	ם	י	נ	ו	ת	נ	ב	מ
ח	ר	כ	ל	ן	ף	מ	ש	ת	ת	ד	ת	ר	ה	י
ד	ו	ר	ו	ת	ת	ר	ש	ב	ף	ו	ש	ג	ב	א
מ	ד	ע	ן	ת	צ	ד	י	ד	ן	ה	ח	י	ל	ר
ב	י	ל	פ	ה	כ	צ	ל	ב	ע	ן	ת	ה	ב	א
ג	ת	ש	ם	ד	ל	נ	ג	ס	ף	א	נ	נ	ף	כ
א	ע	ט	מ	פ	ר	ט	ו	ר	ו	ת	ד	ל	ה	ע

סביבתי
ארקטי
אקלים
השלכות
משבר
נתונים
אנרגיה
עתיד
גז
דורות

ממשלה
בתי גידול
תעשייה
בינלאומי
חקיקה
עכשיו
אוכלוסיות
מדען
פיתוח
טמפרטורות

36 - Frutta

ח	ר	ב	ל	ט	פ	א	ף	ב	א	ע	ג	ט	ף	פ
צ	ג	ר	ט	צ	ע	ד	נ	ן	ע	ד	ם	ת	ף	פ
ג	פ	ן	ן	ח	ט	נ	ב	ו	ט	ק	כ	צ	ע	א
י	ו	ו	י	ק	ה	ד	מ	מ	ם	ס	ג	א	א	י
ת	א	ל	ר	ד	ב	ש	ה	י	א	ר	ת	א	נ	ה
פ	ט	מ	ם	ו	ת	כ	ן	ל	ב	פ	ג	ח	נ	נ
ו	ל	ן	ד	ע	ה	ט	ם	נ	ו	א	א	ע	ס	י
ח	ת	ח	ד	כ	ם	ל	ל	ת	ק	פ	ח	פ	ד	ר
ע	ט	ב	ח	ת	ל	מ	ד	ד	ד	ה	ח	מ	ט	ט
מ	ד	ע	ם	ע	ש	פ	ה	ד	ו	ש	צ	נ	פ	ק
ח	ל	מ	ן	מ	ת	ט	נ	א	א	ז	ה	ש	ם	נ
ד	נ	נ	ש	ח	כ	ד	ב	ס	נ	י	ג	ח	נ	נ
ט	ב	ג	פ	נ	ל	ב	כ	א	נ	ף	ד	נ	ס	פ
ט	ע	ו	ב	ש	ף	ה	ף	פ	ט	ס	ב	ם	ע	ת
כ	ם	ת	י	ר	ב	ד	ר	ע	א	ש	ע	כ	ן	ת

משמש
אננס
כתום
אבוקדו
ברי
בננה
דובדבן
תאנה
קיווי
פטל

לימון
מנגו
תפוח
מלון
נקטרינה
פפאיה
אגס
אפרסק
שזיף
גפן

37 - Fattoria #2

ם	ר	ה	ב	כ	ל	ר	נ	ד	נ	א	ס	ם	ג	כ
א	ת	ב	ש	צ	כ	א	ס	ש	ט	ג	ל	ל	נ	א
ז	ו	ו	ר	ב	ו	כ	ל	כ	ל	ג	ר	א	כ	ח
ה	ר	ו	ע	ש	ו	ם	א	ג	ט	ן	ב	פ	ג	נ
ט	י	ש	ז	פ	ר	ט	י	ן	כ	ם	ע	ס	צ	ח
י	פ	ס	ר	י	ת	ם	כ	ם	ף	ע	ש	ש	ע	ב
ח	מ	ז	ו	ן	ם	ח	ר	י	א	ה	ח	מ	ב	מ
צ	צ	ל	א	מ	ה	צ	ל	ש	נ	ג	פ	ן	ב	ד
א	פ	כ	ח	י	ו	ת	ל	ב	א	ה	ם	פ	ה	א
נ	א	ן	ן	ד	ל	ש	ע	כ	ן	ש	ן	צ	כ	ח
ם	ע	ט	ר	ק	ט	ו	ר	ח	צ	ק	ף	ב	ח	א
ט	צ	ל	ן	ר	ת	כ	ד	פ	ל	י	א	א	ש	מ
א	ף	ת	ב	י	כ	כ	ע	ג	ט	ה	ח	נ	מ	ת
ד	ג	ס	א	ס	ט	ף	צ	ג	ל	כ	ו	ט	ר	ב
ח	א	ר	פ	ש	ע	ש	ף	נ	ה	ת	ח	פ	ח	כ

השקיה
לאמה
חלב
תירס
אווזים
שעורה
כבשים
אחו
טרקטור
ירק

טלה
איכר
כוורת
ברווז
חיות
מזון
לגדול
אסם
פירות
חיטה

38 - Verdure

ל	פ	ת	ע	ל	ד	ש	ב	ש	ן	ס	צ	פ	פ	נ
צ	מ	ו	א	ת	ם	ד	ד	ב	ש	ע	ל	ב	ס	ף
ב	א	ל	מ	ר	ב	ר	ו	ק	ו	ל	י	ר	ת	ם
ב	פ	א	ל	ן	ט	ת	ז	ש	א	ד	צ	ג	י	מ
ם	ו	ש	פ	מ	ג	י	ג	ג	נ	מ	ח	נ	ד	פ
פ	נ	ב	פ	ב	ע	ג	ש	ג	ת	ש	ע	י	א	ט
ט	ה	ר	ו	ם	ט	ס	ם	ו	ס	ד	א	ג	ח	ש
ר	י	ס	ן	ו	נ	צ	ת	פ	ק	צ	ר	ת	ת	ש
ו	י	ט	ן	ף	ב	ף	פ	ת	ד	ף	ח	פ	ש	ד
ז	נ	ט	ד	ש	א	ב	ו	נ	ט	ט	ר	ד	ה	ן
י	ב	צ	ש	ב	ל	ב	ח	ל	פ	ט	ר	י	י	ה
ל	ג	ס	ל	ט	ם	ת	א	ת	ש	צ	ר	כ	ס	ה
י	ע	כ	נ	ב	ע	ס	ד	ב	ס	צ	ע	ג	ש	ס
ה	ל	ה	ר	מ	מ	ג	מ	מ	ל	ר	נ	ה	ע	כ
ג	א	ה	מ	ם	נ	ף	ה	ע	צ	נ	ד	א	כ	ד

אפונה
עגבנייה
פטרוזיליה
לפת
צנון
שאלות
סלרי
תרד
ג'ינג'ר
דלעת

שום
ברוקולי
ארטישוק
גזר
מלפפון
בצל
פטרייה
סלט
חציל
תפוח אדמה

39 - Musica

מ	פ	ג	ג	ר	ת	ר	כ	ג	ע	ף	ב	ד	ן	ש
י	ט	א	ו	פ	ן	מ	ל	ם	כ	ס	ל	ס	ן	ג
ק	נ	כ	ט	ט	ג	ל	ט	כ	כ	ן	מ	ט	ע	ח
ר	ה	ק	ל	ט	ה	ד	ל	ב	ל	ה	ל	ה	ק	מ
ו	מ	ר	ש	ל	ב	ס	ס	ף	א	י	ב	א	ן	ג
פ	ס	ז	ר	מ	נ	ג	י	נ	ה	נ	ה	נ	ן	צ
ו	ק	ב	ח	ס	ת	ד	ף	ל	ם	ו	ש	ן	פ	ב
ן	צ	מ	א	מ	ט	ד	ט	ם	ד	מ	ן	ד	ד	ף
נ	ב	ס	ג	ר	ט	ן	א	ב	ס	ר	צ	פ	ח	צ
ג	י	ש	כ	ח	ם	נ	א	ר	ת	ה	צ	פ	נ	כ
ח	מ	כ	ת	צ	א	ו	פ	ר	ה	כ	מ	נ	ב	ח
ג	נ	ח	ג	ב	ל	ט	ב	ל	י	ר	י	ת	ק	ע
ת	ט	ר	ף	מ	ת	מ	צ	ל	ב	כ	ע	מ	ו	צ
ה	ר	מ	ו	נ	י	ה	ק	צ	א	ע	ס	ת	ל	ד
מ	ו	ז	י	ק	א	י	ס	ִ	א	ַ	ל	ק	י	ף

אלבום
הרמוניה
הרמוני
בלדה
זמר
שר
קלַאסִי
מקהלה
לירי
מנגינה

מיקרופון
מחזמר
מוזיקאי
אופרה
פואטי
הקלטה
קצבי
קצב
כלי
קולי

40 - Barbecue

ח	ד	ד	ה	פ	ם	א	ף	פ	מ	ט	ס	ע	ל	ח
ע	א	ש	ג	י	ג	ר	מ	ש	ח	ק	י	ם	צ	ג
ד	ל	ף	ל	ר	ן	ו	ז	מ	ל	ח	נ	ד	ט	ר
צ	ם	מ	מ	ו	צ	ח	פ	ס	ח	צ	ד	ב	פ	ה
ג	א	ר	ו	ת	ג	ת	ד	ד	מ	ח	ב	ר	ע	ס
נ	ף	ע	ז	ג	א	צ	ה	ל	ש	ד	ש	א	ל	ל
ל	ת	ם	י	ב	ה	ה	ע	ל	פ	ל	פ	ם	מ	ט
ל	ן	א	ק	ר	ס	ר	ם	ג	ח	ר	ע	ב	ע	י
ס	כ	ס	ה	ע	מ	י	צ	ה	ה	ד	ח	מ	ו	ם
ם	ע	צ	נ	ת	ו	י	נ	ב	ג	ע	ש	ח	ף	ב
ר	ש	ט	מ	ח	ק	ם	י	נ	י	כ	ס	ג	ם	ע
ף	א	ב	ז	ו	ג	י	ר	ו	ט	ב	ת	ר	ן	ף
מ	ס	ג	ה	ר	כ	ש	ץ	ח	ה	ג	ט	י	ה	ף
כ	ב	ן	ת	א	ס	א	ס	כ	ש	ד	כ	ל	ן	ס
ד	ב	ר	ב	מ	ה	ש	ר	ל	מ	ש	ד	נ	ת	ש

גריל
סלטים
הזמנה
מוזיקה
פלפל
עוף
עגבניות
ארוחת צהריים
מלח
רוטב

חם
ארוחת ערב
מזון
בצל
סכינים
קיץ
רעב
משפחה
פירות
משחקים

41 - Insetti

ד ר ן פ ה ה צ ס פ ש ל ג מ ד ם
ט ט ם ר מ ס ח צ מ ג ה צ ש צ ן
ש ר ה ע ת י ת ו ש פ י ר י ת מ
ל מ א ו ש צ ה ר ו ב ד ק ר ב ן
ה ג ם ש ה ן ם ג מ מ ד ה ת א ש
פ מ ם ן ט ה ע ר צ ה ה מ י נ כ
פ א ן ר ת צ צ ר ש ף ב ל ש ם פ
ש ת מ ת ו ה ף ס ת ה ר ש ו פ צ
פ י פ ב ל ח ה ל מ נ א ל פ א ה
ט ג ב מ ע ד ז ס ח פ ס מ י כ ר
ן ג ק ס ת צ ח ר פ ר פ ג ח ש ת
ש ק ד ד ף ג ל ט מ ר ח א מ ט ם
ש ע פ ש ש ו נ ב ר ה ש מ ת ר פ
ש ה ן ש ע ס א א ב ה א צ ר כ ג
ש ן ל ם ר ב ג ח א א ח ם ס ס ג

כנימה
דבורה
חגב
ציקדה
פרת משה רבנו
חיפושית
עש
פרפר
נמלה
זחל

שפירית
ארבה
גמל שלמה
פרעוש
מקק
טרמיט
תולעת
צרעה
יתוש

42 - Fisica

צ	א	א	ט	מ	ח	ל	כ	ג	ף	ר	צ	ף	ד	נ
ב	ה	ל	ו	ק	ל	ו	מ	ע	ם	ב	פ	א	ע	ת
ד	ג	ז	ק	מ	ג	נ	ט	י	ו	ת	י	ח	נ	א
ש	ן	ד	ע	ט	ג	ס	נ	ג	ה	ו	פ	א	נ	ו
ט	נ	ט	ם	ם	ר	ח	ע	ר	מ	ר	ו	כ	ס	צ
א	נ	כ	ל	ל	פ	ו	ד	ע	כ	י	ת	ר	ד	ה
א	ו	ס	א	ד	ן	א	ן	י	נ	ה	ד	צ	פ	ם
ש	ה	נ	ת	ש	מ	ט	ח	נ	י	מ	פ	ש	ב	ן
י	ה	ט	י	ף	ת	ר	פ	י	ק	ג	ה	ש	ח	ת
מ	ח	ר	ה	ב	ח	ר	ה	ט	ה	כ	ש	כ	ח	ד
י	ס	ס	כ	ף	ר	ר	מ	נ	ו	ע	צ	כ	ל	י
כ	ו	ו	ו	ף	ם	ס	פ	ט	מ	צ	ם	ב	ק	ר
כ	נ	א	ן	ת	נ	מ	ל	ס	מ	ה	נ	ש	י	ו
ת	ת	כ	א	ש	ע	ף	ל	י	א	ט	ו	ם	ק	ת
ל	ן	ר	ה	מ	ע	ט	נ	מ	ע	ב	פ	ן	ת	ב

תאוצה
אטום
כאוס
כימי
צפיפות
אלקטרון
הרחבה
נוסחה
תדירות
גז

מגנטיות
מכניקה
מולקולה
מנוע
גרעיני
חלקיק
יחסות
אוניברסלי
משתנה
מהירות

43 - Agronomia

ח	ה	ק	פ	ה	ז	ע	פ	מ	נ	ף	מ	ב	ס	ס
ט	ק	ס	ש	ה	י	ג	ר	נ	א	ח	ח	ר	ל	ת
ר	י	ל	ל	י	ה	ן	ה	ש	ש	פ	ל	ת	ם	ע
ה	ח	ן	א	ג	ו	א	ר	ס	ח	ם	ו	ה	י	ז
ף	ש	ס	ף	ו	י	ר	פ	כ	ת	ד	ת	ע	מ	נ
כ	ב	ד	ס	ל	ת	ק	פ	ן	ל	ו	ג	ן	ס	מ
ט	ר	ג	ף	ו	ד	ח	כ	ם	ם	ר	כ	ב	צ	ע
צ	ת	צ	מ	ק	ש	מ	כ	כ	י	נ	ג	ר	ו	א
מ	ד	ע	ף	א	ן	ת	ב	ן	ע	ם	צ	ק	ע	פ
ס	צ	מ	ת	ד	ש	ו	ס	ס	ר	ס	ג	י	כ	מ
ד	ח	פ	ש	ם	א	ת	ז	ש	ז	ם	פ	י	ה	ר
ע	ר	ר	כ	ן	ף	ה	פ	מ	ת	ה	ט	מ	א	א
ן	ר	ת	ט	ף	מ	ף	צ	ר	ם	צ	כ	א	ה	כ
א	ד	ל	ל	פ	א	כ	ת	צ	ת	ע	ל	ס	א	ג
ר	א	ד	מ	ה	ת	ס	ד	ס	ב	י	ב	ה	ת	ב

מחלות
אורגני
הפקה
כפרי
מדע
זרעים
מערכות
בר קיימא
מחקר
אדמה

מים
חקלאות
סביבה
מזון
אקולוגיה
אנרגיה
שחיקה
דשן
זיהוי
זיהום

44 - Erboristeria

י	ע	כ	ד	ם	ש	פ	ת	ג	ן	ט	פ	ם	מ	ן
צ	ר	ם	ס	ג	ר	א	ע	ע	צ	ש	ז	א	ר	ט
ם	מ	ו	ט	ר	ע	ק	ב	ה	ם	ד	ע	א	כ	ט
כ	ת	ש	ק	ש	ע	ו	ר	י	ח	ן	פ	ר	י	ש
א	ו	ר	ג	נ	ו	ל	פ	ל	ב	ו	ר	ו	ב	ע
ר	ד	ן	ש	ל	ת	י	ר	י	ג	ג	ן	מ	ע	נ
צ	ה	ס	ח	ר	ר	נ	ח	ז	כ	ר	ן	ט	נ	צ
ג	ש	ב	נ	ף	נ	ר	ל	ו	כ	ט	ב	י	נ	ח
נ	ת	ו	כ	י	א	י	נ	ר	ן	כ	פ	ן	ג	צ
ה	ט	נ	מ	צ	ח	ד	ב	ט	ם	ע	נ	כ	צ	ס
א	ל	ם	ס	ר	ן	צ	ט	פ	ח	ל	ע	ש	כ	כ
מ	י	ו	ר	ן	י	ר	ו	ז	מ	ר	י	ן	ח	מ
פ	א	ף	ש	ח	מ	מ	ר	ח	ח	פ	ם	ב	ש	נ
ה	נ	מ	ן	ן	י	נ	ש	ש	כ	ת	ף	ה	ה	ף
ל	ב	נ	ד	ר	ט	ס	ס	ח	ן	ר	ג	פ	ר	ב

שום
שמיר
ארומטי
ריחן
קולינרי
טרגון
שומר
פרח
גן
מרכיב

לבנדר
מיורן
מנטה
אורגנו
פטרוזיליה
איכות
רוזמרין
טימין
ירוק
זעפרן

45 - Biologia

כ	ם	כ	א	נ	ע	ד	ן	א	ת	ם	צ	ל	ל	ר
ה	ר	ת	נ	צ	ן	צ	מ	נ	ה	ט	מ	ח	צ	צ
נ	ן	ו	ר	י	ו	נ	ב	ז	ת	ר	ל	ב	ר	ת
ן	א	ל	מ	ד	ג	ף	ה	י	מ	ו	ט	נ	א	ל
פ	ע	צ	ב	ו	א	ף	נ	ם	י	ק	ד	י	י	ח
מ	ן	ס	ח	ן	ז	ב	ס	י	מ	ב	י	ו	ז	ה
ר	ד	מ	ן	ג	ת	ו	ו	מ	ס	ם	ע	מ	ל	ז
ת	ח	ה	ן	א	ב	ר	ם	ל	ב	נ	ב	ש	ב	ת
ס	ח	ס	ת	ג	ף	ג	ה	ח	ו	ם	ט	ש	ח	נ
ש	ד	פ	ג	ם	ק	ר	י	ו	ש	צ	ט	ף	ל	י
י	ו	נ	ק	ע	ו	פ	צ	ז	ל	ף	י	ג	ב	ס
א	נ	י	ב	ו	ל	ב	ט	ס	ת	ת	כ	ה	ו	ו
ג	צ	ס	ט	ב	ג	א	ו	ס	מ	ו	ז	ה	ן	ט
ח	פ	ט	א	ר	ן	ו	מ	ר	ו	ה	ב	ע	ה	ו
ר	ס	כ	ג	ע	ם	ט	כ	נ	ת	ח	ף	ר	צ	פ

אנטומיה
חיידקים
תא
קולגן
כרומוזום
עובר
אנזים
אבולוציה
פוטוסינתזה
יונק

מוטציה
טבעי
עצב
נוירון
הורמון
אוסמוזה
חלבון
זוחל
סימביוזה
סינפסה

46 - Attività Commerciale

ש	מ	מ	ם	ש	ב	ח	ג	ח	ט	ש	ע	צ	ס	ה
ף	י	ט	מ	מ	ה	ל	ר	כ	נ	ר	ס	ט	א	א
ר	מ	ב	ר	ש	א	נ	כ	ת	א	ן	ק	מ	ע	ת
מ	ו	ע	ו	ט	א	מ	ן	ל	ש	ש	ה	כ	ס	ף
פ	ן	פ	ו	ע	ו	ב	ד	ה	ה	ר	י	י	ר	ק
ע	ן	ש	ח	ת	א	ר	א	ש	ר	כ	פ	ף	צ	י
ל	מ	א	ב	ה	כ	ח	ש	ק	ב	י	צ	ק	ת	ס
ל	כ	ר	ף	ת	פ	כ	ר	ע	ח	ס	ש	צ	נ	ע
מ	י	ט	ף	ח	ט	מ	ס	ה	נ	ח	ת	ג	פ	מ
פ	ר	ל	ף	נ	ת	ש	ש	נ	ג	ח	ח	ת	ס	ל
ה	ה	ש	א	ף	מ	ר	נ	ג	ס	כ	מ	נ	נ	ף
מ	ם	ע	ע	ת	ה	ד	ס	א	נ	ל	ר	ס	מ	ט
ג	ן	ש	ג	ל	ת	נ	ה	כ	נ	ס	ה	ש	פ	ס
ס	מ	ת	א	ת	ו	נ	ח	נ	ה	ב	ף	ל	כ	ב
ם	ף	ת	ה	ש	מ	ת	כ	ה	ר	ו	ח	ס	ט	ם

חנות
רווח
הכנסה
הנחה
חברה
כסף
עסקה
משרד
מטבע
מכירה

תקציב
קריירה
עלות
מעסיק
עובד
כלכלה
מפעל
מימון
השקעה
סחורה

47 - Fiori

נ	ש	ד	ם	צ	ע	ת	י	נ	ו	מ	ד	א	ש	פ
ם	ח	ן	ג	מ	א	ע	פ	ד	ח	ף	ח	מ	ו	פ
ס	מ	ר	מ	ס	ס	ר	ב	ג	א	א	ע	א	ש	ד
מ	נ	ד	ר	ו	ג	ח	ס	מ	ט	ת	ל	ת	ן	ח
ג	י	נ	ס	י	ז	י	י	ד	ל	ד	נ	ף	ן	ף
נ	ת	ב	ש	נ	ב	צ	ס	ג	פ	ס	ט	ת	ג	ז
ו	ך	ל	י	ל	ר	ה	ח	ף	כ	צ	ט	נ	ר	ר
ל	ע	כ	ח	ה	ם	א	ת	ף	ר	צ	ה	ם	ד	פ
י	ל	ס	נ	ד	ם	ס	ש	ד	א	ת	א	ר	נ	ב
ה	י	י	ס	מ	י	ן	ף	צ	ב	ע	ו	נ	י	מ
ה	כ	ק	נ	ף	ה	פ	ס	י	פ	ל	ו	ר	ה	פ
ם	ו	ר	ר	א	ה	פ	ס	ו	ק	ס	י	ב	י	ה
ח	ת	נ	ר	ש	ם	ט	צ	ע	ן	צ	מ	ש	ג	ג
צ	ר	י	ע	צ	ף	ע	ף	ה	ש	ט	נ	ן	ר	כ
ג	ת	מ	ן	ת	ת	ן	ג	פ	ת	ש	ע	צ	ר	ם

זר
נרקיס
סחלב
פרג
פסיפלורה
אדמונית
עלי כותרת
ורד
תלתן
צבעוני

שן הארי
גרדניה
יסמין
שושן
חמנית
היביסקוס
לבנדר
לילך
מגנוליה
דייזי

48 - Filantropia

ן	ם	ן	ד	ד	ה	מ	ן	צ	ת	ה	ר	ת	ר	מ
ד	ן	ד	ד	ש	ב	ה	ה	ב	ו	י	ל	מ	ם	א
צ	ד	ב	ט	ח	א	ע	פ	ש	ר	ר	ו	ב	י	צ
ד	ג	ר	כ	ג	ף	ט	ף	ש	ט	ו	ך	ס	ד	ה
ק	ם	נ	ה	ת	ד	ף	ד	ת	מ	ט	ח	א	ל	א
ה	צ	מ	ס	מ	ח	א	נ	פ	ש	ס	ש	ד	י	נ
ג	א	נ	ש	י	ם	ג	ל	ט	ם	י	פ	ס	כ	ו
ס	ת	נ	נ	ד	צ	ף	צ	כ	נ	ה	ס	צ	א	ש
נ	ף	ב	מ	כ	ט	ש	מ	ר	א	מ	ת	צ	ת	ו
ק	צ	ן	ן	ר	ף	ר	ר	ף	ג	י	ה	ם	ג	ת
ט	ב	ג	ב	ל	ח	ר	ש	ק	י	ש	נ	א	ר	ס
ר	ת	ו	ב	י	ד	נ	ר	ב	ה	מ	ן	ח	י	ף
ע	ם	ה	צ	נ	ו	ע	ר	ע	כ	י	ם	ב	ם	ה
י	ו	ש	ר	ו	ה	מ	י	מ	ו	ן	ל	פ	ה	ה
צ	ע	ש	ס	ת	ת	ו	י	נ	כ	ו	ת	ה	ס	ס

ילדים
צורך
צדקה
קהילה
אנשי קשר
מימון
כספים
נדיבות
נוער
קבוצות

משימה
מטרות
יושר
אנשים
תוכניות
ציבור
אתגרים
היסטוריה
האנושות

49 - Discipline Scientifiche

ב	ו	ט	נ	י	ק	ה	י	מ	ו	ט	נ	א	א	א
פ	י	ז	י	ו	ל	ו	ג	י	ה	ר	ו	י	ר	ק
מ	י	נ	ר	ל	ו	ג	י	ה	ר	א	י	מ	כ	ו
ב	ג	ד	ן	ג	ש	ה	ל	ק	א	ס	ר	ו	א	ל
ס	ו	צ	י	ו	ל	ו	ג	י	ה	ט	ו	נ	ו	ו
ב	ה	ל	ה	ה	כ	ה	ע	מ	י	ר	ל	ו	ל	ג
ה	י	ג	ו	ל	ו	י	ב	נ	ג	ו	ו	ל	ו	י
ס	ג	מ	כ	ט	ן	ג	נ	י	ו	נ	ג	ו	ג	ה
מ	ו	ע	י	ח	ב	ו	ט	ד	ל	ו	י	ג	י	י
ב	ל	ן	ף	ה	ל	ל	ש	ו	ו	מ	ה	י	ה	מ
ח	ו	פ	ת	ג	ש	ו	ה	מ	כ	י	ק	ה	ח	י
ף	א	פ	ב	פ	נ	א	פ	ר	י	ה	י	ח	פ	כ
צ	י	מ	ע	כ	ו	ו	א	ת	ס	נ	נ	ח	כ	ו
ט	ג	פ	ס	ט	ת	ז	ה	ל	פ	נ	כ	ס	ד	י
מ	ט	א	ו	ר	ו	ל	ו	ג	י	ה	מ	ש	פ	ב

אנטומיה
ארכאולוגיה
אסטרונומיה
ביוכימיה
ביולוגיה
בוטניקה
כימיה
אקולוגיה
פיזיולוגיה
גיאולוגיה

אימונולוגיה
בלשנות
מכניקה
מטאורולוגיה
מינרלוגיה
נוירולוגיה
פסיכולוגיה
סוציולוגיה
תרמודינמיקה
זואולוגיה

50 - Scienza

ט	ד	א	ה	ד	ב	ו	ע	מ	צ	ס	ף	ג	ב	ל
מ	ן	ף	ו	נ	ר	ג	ב	א	ח	ב	מ	ג	ן	ף
ט	ע	ה	ס	ר	ח	מ	ט	ו	ת	ם	ו	ט	א	פ
ש	ה	ם	ן	מ	ג	ה	צ	ב	מ	ב	ל	נ	כ	ם
פ	צ	מ	ח	י	ם	נ	ם	ן	ע	פ	ק	נ	ד	ס
ם	י	נ	ו	ת	נ	ה	י	צ	ו	ל	ו	ב	א	ט
ש	ף	ז	מ	ד	ע	ן	ל	ז	ש	ג	ל	ן	ת	ה
א	ע	נ	י	כ	ר	ה	ר	ף	ם	כ	ו	ס	ר	ם
ס	ה	י	ב	ק	נ	ה	נ	פ	י	י	ת	ב	ט	א
פ	ל	ס	מ	נ	ה	ט	י	ש	ק	מ	ן	ם	מ	מ
ח	ג	ו	מ	ד	ם	ס	מ	מ	י	י	נ	נ	ל	מ
ג	צ	י	כ	ג	ש	ג	ה	ת	ק	ס	ח	ש	ר	ע
ש	ע	צ	ס	ם	ע	ת	מ	ר	ל	ט	ת	מ	ג	ב
ש	ל	ל	ת	כ	ן	ף	ת	ב	ח	ש	ב	ב	ן	ד
ד	ב	צ	ד	צ	ד	ש	נ	א	ק	ל	י	ם	ם	ה

אטום
כימי
אקלים
נתונים
ניסוי
אבולוציה
עובדה
פיזיקה
מאובן
הנחה

מעבדה
שיטה
מינרלים
מולקולות
טבע
אורגניזם
חלקיקים
צמחים
מדען

51 - Imbarcazioni

ק	י	א	ק	ג	ש	צ	ס	כ	ט	מ	ס	מ	ע	ר
ב	ל	ף	ח	ל	מ	ף	ו	צ	מ	נ	ת	ת	ב	כ
ב	ע	פ	מ	י	ה	מ	נ	ו	כ	ו	כ	צ	ג	פ
ס	ב	ה	י	ם	ג	א	י	ף	ת	ע	ר	ע	ט	ג
ל	צ	ב	מ	א	ן	ש	י	ן	י	ו	מ	מ	ר	נ
ף	פ	כ	י	פ	צ	ט	ק	כ	ש	ג	א	ן	ן	ס
ל	ח	א	צ	ג	ל	ף	ו	ד	ר	ה	נ	ג	ן	ב
ה	צ	צ	ח	פ	ש	נ	א	ש	פ	ח	ף	ג	ת	ש
ר	ף	ר	ס	ת	ר	ו	ב	ע	מ	ד	ת	ס	ט	ע
ש	מ	ן	נ	ף	ס	נ	ח	מ	ם	ש	ר	ש	מ	ם
ה	צ	י	א	כ	ט	ה	ד	ו	ס	פ	ר	ת	מ	ם
ע	ן	ד	ף	ע	ל	צ	ף	נ	א	י	ה	ס	ת	ג
מ	ש	ב	ת	ו	ר	ן	ג	ו	ע	ט	ם	ח	ר	ר
פ	ט	ח	ד	ח	ב	ל	נ	ן	ט	ם	א	ן	ף	ח
ע	ף	צ	ם	ט	ת	ס	פ	ק	א	נ	ו	ג	ר	ט

ים
גאות
מלח
מנוע
ימי
אוקיינוס
גלים
מעבורת
יאכטה
רפסודה

תורן
עוגן
מפרשית
מצוף
קאנו
חבל
צוות
נהר
קיאק
אגם

52 - Chimica

נ	נ	נ	ן	ח	ר	נ	ת	ם	ט	נ	ס	ה	ס	ב
ח	ו	ם	ם	ב	ף	ג	ל	ס	ט	פ	מ	פ	ח	ע
ב	פ	ע	ס	ג	ל	נ	ף	פ	ם	ה	ט	ת	ס	א
מ	י	מ	ן	ד	מ	ש	ג	ר	ט	ר	ת	ע	ח	ו
מ	פ	פ	נ	ף	ן	פ	כ	מ	פ	ו	ן	פ	ג	ר
ר	ח	ל	ח	ב	ף	ן	ל	ס	ס	ט	פ	ת	ט	ג
א	מ	ד	ם	א	ת	ן	ס	נ	כ	ר	ף	נ	ט	נ
ע	ן	י	ו	ן	ט	ח	ז	ג	ג	פ	ה	מ	כ	י
ט	ג	ח	ע	ת	ח	ו	ד	ר	מ	מ	ש	ק	ל	א
ן	ו	ר	ט	ק	ל	א	מ	ם	ז	ט	ע	ף	ר	ל
ר	פ	ח	ע	פ	מ	ת	ן	י	ח	ב	ל	ו	ר	ק
מ	ס	ו	א	י	ד	ת	ר	ז	מ	ג	ז	א	ת	ל
א	כ	מ	ג	ע	נ	ג	ד	נ	צ	נ	ו	ח	ר	י
ס	ה	צ	ע	ר	ל	י	ח	א	ן	ס	נ	ר	ש	י
מ	ר	ה	מ	ו	ל	ק	ו	ל	ה	כ	מ	א	צ	ן

חומצה
אלקליין
אטומי
חום
פחמן
זרז
כלור
אלקטרון
אנזים
גז
מימן
יון
נוזל
מולקולה
גרעיני
אורגני
חמצן
משקל
מלח
טמפרטורה

53 - Strumenti Musicali

ש	ע	ס	ם	ס	ה	ק	ג	ג	מ	ר	י	מ	ב	ה
א	ת	ף	ר	ק	נ	ל	פ	י	ת	כ	ף	צ	ו	ל
ב	ס	ו	ן	ס	ף	ר	צ	ט	ת	ו	ב	ל	ב	מ
צ	מ	פ	מ	ו	ל	י	פ	ר	ת	א	ף	ד	א	ם
מ	נ	י	מ	פ	ש	נ	ע	ה	ב	ן	ר	ג	ש	י
פ	ד	ת	ה	ו	ש	ט	ל	צ	ר	כ	י	נ	ו	ר
ו	ו	ת	ר	ן	נ	ב	נ	ג	ו	צ	ח	ו	ל	מ
ח	ל	ו	ט	ר	ו	מ	ב	ו	ן	נ	ו	ג	נ	ף
י	י	ל	ב	נ	ח	ל	י	ל	ן	ת	ת	צ	ל	ו
ת	נ	ק	פ	פ	ד	ב	נ	צ	ר	ן	ט	צ	ח	ת
ט	ה	מ	ם	ס	נ	צ	ב	ב	ן	ת	ע	ן	ש	נ
ן	ר	ם	ר	ד	נ	צ	ש	ם	ב	צ	נ	ף	ג	ה
ת	ע	ל	ם	ה	ח	ת	צ	ד	צ	א	ש	כ	ג	ן
ה	ע	מ	ף	ד	ב	ה	ר	ם	צ	ש	ם	כ	ל	ע
ס	ב	ה	נ	ד	ד	ן	ח	ע	ה	ר	ף	א	ת	כ

מרימבה
אבוב
פסנתר
סקסופון
תוף מרים
תוף
חצוצרה
טרומבון
כינור
צ'לו

מפוחית
נבל
מקלות תיפוף
בנג'ו
גיטרה
קלרינט
בסון
חליל
גונג
מנדולינה

54 - Professioni #2

פ	ד	א	מ	ח	א	ס	ג	ס	ב	ם	ת	א	ז	ן
ח	י	ע	ן	ת	ו	ן	ח	ן	ל	צ	מ	ס	ו	ט
ג	א	ל	ר	נ	ט	ק	ט	ן	ש	ל	ב	ט	א	ד
ן	נ	ג	ו	מ	ת	מ	ר	י	י	א	מ	ר	ו	ש
ן	ו	צ	ג	ס	י	י	ט	נ	ע	י	ה	ו	ל	ת
ט	ת	ם	ל	צ	ו	ס	ה	ם	ב	צ	ח	נ	ו	ם
ר	י	י	צ	ל	ס	ף	כ	צ	ן	מ	ש	א	ג	ד
ס	ע	י	ש	ם	ט	ן	צ	ט	ט	מ	ט	ו	ם	ם
ת	י	נ	ר	פ	ס	ג	ח	ן	ת	ס	ס	ט	א	ד
ם	ש	י	מ	ו	ר	ה	ב	ד	ס	מ	ה	נ	ד	ס
א	ד	ש	ס	ח	ח	ס	נ	ן	ה	ח	פ	צ	מ	כ
ב	נ	א	ח	ר	פ	א	מ	ע	ע	ת	א	צ	פ	ע
ג	ע	פ	פ	ף	ח	ג	ן	ר	מ	ב	ל	ל	ס	ה
ב	י	ו	ל	ו	ג	ף	ב	ף	ן	ר	ח	ר	ב	נ
ע	מ	ר	ב	ע	ר	ח	ה	א	ן	מ	ט	ס	מ	ה

אסטרונאוט
ספרנית
ביולוג
מנתח
רופא שיניים
בלש
פילוסוף
צלם
גנן
עיתונאי

מאייר
מהנדס
מורה
ממציא
בלשן
רופא
טייס
צייר
חוקר
זואולוג

55 - Letteratura

כ	ף	פ	ף	ח	פ	ר	ס	נ	מ	ח	ז	ט	א	ג
פ	כ	מ	ש	י	ר	ש	ן	י	ט	א	ו	פ	נ	ר
נ	א	ס	פ	ט	ס	ב	ף	ת	פ	ג	ר	ש	ק	ג
ל	ש	נ	ס	ש	ף	ן	ב	ו	ו	א	ח	ף	ד	ב
ם	ו	ן	ל	ג	כ	ט	ד	ח	ר	ט	ר	ח	ו	ר
ת	נ	פ	ן	ו	נ	ג	ס	ם	ה	ף	מ	ל	ט	ר
י	ת	ל	מ	ל	ג	ה	צ	ף	ע	ה	ר	ח	ה	ח
א	כ	ע	ו	א	פ	י	ח	פ	ד	ן	נ	ף	ב	ע
ו	ר	ט	ר	י	ש	פ	ה	י	ד	ג	ר	ט	צ	ר
ר	ע	ע	ע	ד	מ	ר	ז	א	נ	ר	ח	ע	ק	ח
ן	ע	כ	פ	ד	נ	ג	ח	ג	ב	ר	ף	ד	א	ת
ן	כ	ע	ה	ש	ו	ו	א	ה	ס	י	כ	ו	ם	ר
ס	ח	ע	א	פ	ג	י	ט	נ	צ	ט	ב	ח	ן	כ
ג	כ	ע	ס	ב	ג	ב	ל	צ	ה	ג	ל	ה	נ	א
ש	ח	צ	ד	ף	ס	ט	ה	ד	נ	ע	מ	נ	נ	א

מטפורה
דעה
שיר
פואטי
חרוז
קצב
רומן
סגנון
ערכת נושא
טרגדיה

ניתוח
אנלוגיה
אנקדוטה
מחבר
ביוגרפיה
סיכום
השוואה
תיאור
דיאלוג
ז'אנר

56 - Cibo #2

ר	א	ה	ר	ת	ט	ל	ח	א	ב	ד	כ	ם	ח	ל
ד	ם	ף	ש	כ	ר	ע	ם	נ	מ	ח	ט	ו	ע	ב
ג	כ	ע	ב	ב	ג	מ	נ	ת	צ	פ	פ	כ	מ	ר
ע	ג	ב	נ	י	י	ה	ר	כ	ח	ת	ף	ע	ע	ו
נ	ס	ש	ו	ק	ו	ל	ד	ת	א	צ	ל	ד	ס	ק
ח	כ	ף	ג	ד	ו	מ	כ	כ	נ	א	ם	צ	מ	ו
ן	ף	ס	ל	ר	י	צ	ה	כ	ה	צ	ד	ח	ב	ל
ד	ת	ר	ט	צ	ק	ס	ע	ש	פ	ד	ד	צ	ח	י
ב	ן	פ	ם	ם	כ	ס	פ	ש	ח	כ	ש	י	ר	ב
כ	ג	פ	ן	ה	צ	י	ב	ף	ט	א	ג	ל	ע	ף
א	א	ס	נ	נ	ה	י	י	ר	ט	פ	ב	ל	ו	מ
ו	ף	ע	ר	י	ח	ד	ו	ן	ה	ט	י	ח	ף	ר
ר	נ	ד	ס	ב	ף	ג	מ	ל	צ	צ	צ	ב	מ	מ
ז	ש	ע	ם	ג	ו	ן	פ	ג	ן	ב	ד	ב	ו	ד
ט	ד	ש	ם	י	ה	ד	כ	ת	ה	נ	ל	ש	צ	ר

בננה
ברוקולי
דובדבן
שוקולד
גבינה
פטרייה
חיטה
קיווי
תפוח
חציל

לחם
דג
עוף
עגבנייה
חם
אורז
סלרי
ביצה
גפן
יוגורט

57 - Nutrizione

ע	ם	ג	ן	ע	ע	מ	ס	ן	צ	ת	ש	פ	מ	ס
ף	י	ם	ף	ה	א	ח	ה	ף	ח	מ	ח	ף	ש	כ
ף	נ	כ	ן	ם	ם	ב	ט	ד	ם	ם	צ	ה	ח	ס
ת	ו	ל	ו	ד	ם	א	ו	י	ט	מ	י	ן	צ	ש
ן	ב	ב	ב	ל	צ	ד	נ	ע	ס	צ	ה	ם	כ	א
ל	ל	ח	א	ה	ן	ת	כ	ק	ם	מ	ח	ת	נ	ב
ס	ח	ד	י	ן	ד	כ	נ	ה	ל	ף	ט	ה	צ	ר
ר	ס	ש	ת	ו	מ	י	מ	ח	פ	ו	ל	ט	ל	י
א	צ	ן	ב	ן	ל	ע	ר	ן	נ	פ	ר	א	ג	א
נ	ו	ז	ל	י	ם	ף	ה	כ	נ	ן	מ	י	ה	ו
ה	ת	ו	י	ז	ט	ש	ס	ב	ד	ח	ש	ד	ו	ת
ב	ב	א	כ	מ	פ	כ	י	כ	ר	ש	ק	פ	ם	ת
ט	ר	מ	א	ן	ח	ט	ס	ט	צ	ש	ל	פ	ע	צ
ו	ם	י	נ	י	ל	ב	ת	א	י	כ	ו	ת	נ	ב
ר	ב	מ	א	מ	ר	י	ר	ש	ש	נ	ג	ט	ס	ף

מזין
משקל
חלבונים
איכות
רוטב
בריאות
בריא
תבלינים
רעלן
ויטמין

מריר
תיאבון
מאוזן
קלוריות
פחמימות
אכיל
דיאטה
עיכול
תסיסה
נוזלים

58 - Matematica

ט	ג	ז	ב	ב	מ	מ	ש	ל	ו	ש	מ	ר	ב	ש
ן	ט	ו	ן	ס	מ	ף	ב	ס	ש	ג	ב	ף	ס	צ
צ	מ	ו	מ	ן	א	ע	נ	ת	ם	ד	א	ן	ל	צ
ש	ד	י	ף	ס	ד	צ	ג	ף	ר	כ	י	כ	כ	ר
ן	ה	ו	כ	צ	ר	ט	ו	ק	מ	ש	ו	ו	א	ה
ר	א	ת	א	ע	ה	ל	נ	ד	ם	מ	מ	ב	ש	י
מ	א	ד	ע	ר	ע	ן	כ	ט	ק	ע	ש	ח	ש	ר
ע	ה	ג	פ	ש	ת	ש	צ	ב	ר	צ	נ	ב	ש	ט
ש	ד	פ	ג	ה	ע	ב	י	י	מ	ט	ל	ח	ף	מ
ר	ת	ג	ב	מ	ב	ל	ך	ח	ש	ב	ו	ן	ק	ו
ו	מ	ס	פ	ר	י	ם	ן	פ	צ	ת	פ	ב	י	א
נ	ח	ל	ן	ת	ל	ת	ג	נ	ת	ו	י	ל	ה	ג
י	ה	י	ר	ט	מ	י	ס	ג	א	ל	ד	מ	ג	ף
נ	ת	ד	ן	ם	ב	מ	צ	ו	ל	ע	מ	נ	ג	ס
ש	ם	כ	ם	ו	כ	ס	ר	ם	ח	מ	ם	א	נ	ח

זוויות
חשבון
עשרוני
קוטר
משוואה
מעריך
שבר
גאומטריה
מעלות
מספרים

מקביל
מקבילית
היקף
מצולע
כיכר
מלבן
סימטריה
סכום
משולש
נפח

59 - Meditazione

ל	ד	ל	ת	ח	ב	ס	ש	ג	י	ב	ע	ע	נ	ה
נ	ת	ן	ה	ש	ב	ל	ג	ן	צ	ם	ע	ש	ח	כ
ם	צ	פ	נ	ע	נ	מ	ת	צ	י	ם	א	נ	ב	ר
ה	ע	ו	נ	ת	ו	ש	ג	ר	ב	ה	ו	ב	ס	ת
ב	ו	ב	מ	ח	ח	מ	פ	ן	ה	ר	ש	ל	ף	ת
י	ג	ה	ט	ח	ס	ד	ן	ת	ב	ג	ר	ם	ש	ו
ט	ר	י	נ	ו	ם	ם	ס	ע	ר	ל	צ	ע	ש	ד
ק	פ	ר	נ	מ	פ	ד	פ	א	צ	י	ס	ע	א	ה
פ	ב	ו	צ	כ	ם	ן	א	ם	ד	ם	ם	ג	ש	ס
ס	ד	ת	ב	ר	ף	ר	ה	ל	ב	ק	ד	ר	ע	א
ר	מ	ח	ש	ב	ו	ת	ה	ק	צ	ג	ס	ב	ח	ע
פ	מ	ש	ב	ל	ם	ן	ש	ת	י	ק	ה	ל	מ	ח
ף	ס	ט	ף	ף	ה	ה	נ	צ	ת	ז	ן	פ	ל	ן
ל	מ	פ	ע	נ	כ	ף	פ	ף	ד	ף	ו	ת	ט	ט
צ	ח	ר	ע	ה	א	מ	ש	צ	ע	ר	ב	מ	כ	מ

הרגלים
קבלה
רגוע
בהירות
חמלה
רגשות
אושר
חסד
הכרת תודה
נפש

מוח
תנועה
מוזיקה
טבע
שלום
מחשבות
יציבה
פרספקטיבה
שתיקה
ער

60 - Elettricità

נ	פ	ה	ף	כ	מ	ע	צ	ף	ה	צ	פ	ח	ת	ח
ף	ב	ס	א	נ	ע	ק	ש	ח	ט	ת	י	ן	ו	ה
א	ח	ס	ו	ן	צ	ת	ט	ל	פ	ו	ן	ט	מ	א
ס	כ	ר	ל	י	י	ז	ר	ע	ב	א	י	נ	כ	ר
ת	ה	ס	ף	א	ו	ד	נ	י	ש	ם	ל	ג	ד	א
ת	ל	ג	ע	ל	ד	ב	ח	כ	ב	ס	מ	מ	ג	כ
כ	ל	פ	ל	מ	נ	נ	פ	א	ן	ר	ש	ת	ף	ם
ב	ו	ט	א	ש	ע	מ	ה	ג	ב	ב	ח	כ	ס	ל
ל	ס	ה	ם	ח	ן	ם	י	ט	ק	י	י	ב	ו	א
ה	ג	ע	ע	ד	ר	ה	ז	ף	ד	מ	ר	נ	פ	צ
ר	פ	ג	ט	ש	ף	א	י	פ	ר	ח	כ	ף	ת	ד
ת	ן	ת	נ	ל	א	ד	ו	ג	כ	ו	ד	ג	ש	ף
פ	ט	ד	ח	י	ה	ט	ו	ד	ח	ל	ם	ג	ן	ם
ר	ש	פ	נ	ל	ם	פ	ל	א	נ	ל	ן	ה	ב	ל
ם	ח	צ	ט	י	ה	ר	ט	ל	צ	ד	ט	פ	ט	ל

ציוד
סוללה
כבל
אחסון
חשמלאי
חשמלי
חוטים
מחולל
מנורה
לייזר

מגנט
שלילי
אובייקטים
חיובי
שקע
כמות
רשת
טלפון
טלוויזיה

61 - Antiquariato

ר	ח	ת	ן	ל	ל	פ	צ	ש	פ	ח	כ	ת	ש	ג
ת	י	ב	מ	ו	פ	ה	ר	י	כ	מ	ל	ם	צ	ש
י	ב	ה	א	מ	ם	ר	ד	א	ס	ג	נ	ו	ן	ח
ש	י	ת	ו	כ	י	א	ב	ל	ו	ס	י	פ	ד	ז
ן	ט	ח	ל	ט	ם	ד	ה	ג	נ	ט	ע	ע	ש	ו
ב	ר	צ	ת	כ	ח	מ	ף	נ	ט	ח	ס	ש	ד	ר
ד	ו	ח	כ	פ	כ	ח	ס	ט	ש	א	ף	ו	ר	ש
נ	ק	ר	מ	ע	כ	י	ח	י	ה	ש	ח	ר	ד	ט
ב	ד	ע	ף	ר	א	ר	ה	ט	א	ם	פ	י	פ	כ
א	פ	א	מ	נ	ו	ת	ו	ע	ב	ט	מ	ם	ג	ר
ס	ו	ת	ע	מ	ם	ט	פ	ט	ק	ט	ן	ף	ל	נ
א	ף	ת	ה	ל	ר	ך	ר	ע	ה	ש	ע	נ	ר	ף
ן	ן	א	נ	ע	ל	א	י	צ	ף	ג	ה	ר	י	ד
ן	ר	צ	ת	ט	ר	ש	ט	מ	ב	צ	ן	ף	ה	מ
ע	ן	ס	א	ר	י	י	ו	צ	א	ד	ו	פ	ן	ר

אמנות
פריט
מכירה פומבית
אותנטי
עשורים
דקורטיבי
אלגנטי
גלריה
יוצא דופן
השקעה

ריהוט
מטבעות
מחיר
איכות
שחזור
פיסול
מאה
סגנון
ערך
ישן

62 - Escursionismo

ת	ט	ף	ט	ב	ע	ח	ח	ס	ב	כ	א	ש	ע	א
ס	פ	א	ר	ק	י	ם	פ	ר	ב	א	ע	ת	ע	צ
ה	ד	ע	ה	ו	י	ד	ע	ד	א	ה	י	י	ט	נ
פ	ן	ט	ג	צ	ף	ח	ט	ת	ף	מ	ס	ש	ט	פ
ג	ן	פ	ס	ש	ח	ג	ב	ד	ת	ו	י	ח	ר	ר
ב	ף	ה	פ	מ	ח	כ	ע	ף	ח	מ	ן	א	ף	פ
ג	ת	פ	י	ש	ס	א	ע	ק	מ	פ	י	נ	ג	פ
ל	צ	ם	ע	פ	כ	ק	ה	נ	ת	ר	ש	ף	ה	ן
ב	נ	י	מ	ה	נ	ל	פ	א	כ	ן	צ	ע	ט	ד
ש	ס	י	פ	ן	ו	י	ד	נ	ף	צ	צ	מ	ת	ם
ל	ר	פ	מ	ס	ת	ם	ש	ט	ב	ט	ח	ה	ם	ן
ע	ב	ג	ש	מ	ד	ר	י	כ	י	ם	י	נ	ב	א
מ	ס	מ	ע	ה	פ	מ	ת	כ	ב	ת	ד	כ	ד	נ
ח	ס	ע	ע	א	ב	ד	ה	ג	ט	ע	ש	ה	א	ף
ל	ש	ף	ן	ם	ן	ס	ש	ע	ר	ם	ר	ח	ש	ב

סכנות
כבד
אבנים
הכנה
צוק
פראי
שמש
עייף
מגפיים
פסגה

מים
חיות
קמפינג
אקלים
מדריכים
מפה
הר
טבע
נטייה
פארקים

63 - Professioni #1

ע פ ת ע ב ל א ג ש ש ג ר י ר ע
ר ס ל ו נ ל ן ש מ ו ז י ק א י
ט נ ט ר ק א ע מ ג ר ש ד ח ה ת
ע ת מ ך א פ ח ד א מ ן ו ם ן ב
ו ר א ג י ב ק ע נ ש ת כ ם פ ש
ר ן מ ב ע ר ו ן מ ט ה ח ו ד י
ך ף ן ה ט ב ר ט ב ד ה צ נ ת ט
ד ל ל ו ט ר י נ ר צ ה ג ו ס ן
י ד ג ף נ ש ש ה ט ם ש ף ר ם פ
ן ר ם כ ת ם ג ל ג ם ל פ ט ט ב
ף ף ד ת ל ן ע ן ת ם ג ף ס נ ס
ה פ ס י כ ו ל ו ג ו ל ו א י ג
נ פ ת צ ה פ ש ף ה ד ש כ נ כ מ
א ם כ ן ג ל ף כ ב ה כ ד י י צ
נ ף ש מ פ ח ע נ ל כ ש ט ט ס ד

מאמן
שגריר
אמן
אסטרונום
עורך דין
רקדן
בנקאי
צייד
קרטוגרף
עורך

רוקח
גיאולוג
תכשיטן
שרברב
אחות
מוזיקאי
פסנתרן
פסיכולוג
מדען
וטרינר

64 - Antartide

פ	צ	ס	ב	ן	ל	פ	ט	ת	ע	צ	ס	ג	צ	ט
ף	ן	ב	ע	ס	ר	מ	ת	פ	ת	ש	צ	ד	מ	ג
ד	ה	ג	י	ר	ה	ש	ה	ם	ד	צ	צ	פ	ק	א
פ	ה	כ	צ	צ	ב	ח	צ	ג	מ	א	ר	ל	ר	ו
ם	י	ל	ר	נ	י	מ	ד	ע	י	ט	ק	ו	ח	ג
י	פ	ל	ו	ח	ב	מ	ר	י	ו	צ	ו	ו	ו	ר
מ	ר	ם	מ	צ	ס	מ	ם	ר	ד	ח	ח	י	נ	פ
ה	ג	א	י	י	ש	פ	ה	ד	ם	ץ	צ	י	י	י
ע	ו	ש	ש	ה	ת	ף	ת	ג	ב	ר	ט	ת	ם	ה
ת	פ	ג	ב	א	ף	מ	צ	ג	ו	פ	ג	נ	י	כ
א	ו	ל	ט	י	צ	ד	כ	ק	ת	מ	ח	י	נ	מ
ב	ט	ן	ף	ש	ס	פ	י	ק	ם	ת	ש	ם	נ	ש
ן	ר	צ	ם	ג	נ	ס	ד	ר	ם	כ	ם	פ	ע	ל
ם	מ	ת	ב	ס	ב	ה	ר	ח	ר	ר	ב	ם	פ	ח
מ	ב	נ	ע	ג	ן	ח	ע	ס	פ	ר	י	ב	ש	ת

הגירה
מינרלים
עננים
חצי האי
חוקר
רוקי
מדעי
משלחת
טמפרטורה
טופוגרפיה

מים
סביבה
מפרץ
לווייתנים
שימור
יבשת
גאוגרפיה
קרחונים
קרח
איים

65 - Libri

ש	כ	נ	ר	ש	ע	ן	מ	ו	ר	צ	ת	ס	ף	ה
צ	ש	כ	ה	ט	ע	י	ח	צ	א	נ	ע	מ	ט	ח
ח	צ	ת	ר	ר	ט	י	ח	ח	ט	ם	ל	ט	ע	מ
ה	ר	ב	ט	פ	י	ר	ו	ט	ס	י	ה	ב	צ	ח
ר	ש	ק	ה	ח	פ	ק	ג	פ	נ	ת	ע	ב	ס	ב
פ	ש	ח	א	ר	א	ת	ת	י	ת	ו	ר	פ	ס	ר
ת	כ	פ	צ	ל	ר	ו	פ	י	ס	י	ן	ש	ל	ף
ק	ה	ט	מ	ו	ו	צ	ס	ן	ט	ל	ם	כ	כ	מ
ה	מ	ם	ה	ו	ק	ן	צ	ף	ג	א	ה	נ	ח	ב
ש	ח	ע	ב	נ	ן	ן	ן	מ	ד	ו	ם	מ	ת	ח
ש	י	ר	ה	ט	פ	ל	ף	צ	ח	ד	ש	ב	ס	נ
ת	ל	ת	ד	י	פ	צ	מ	ל	ט	ג	ן	מ	ד	ר
ה	ו	מ	ו	ר	י	ס	ט	י	ט	ף	כ	ס	ר	א
ע	ל	פ	ד	פ	ג	ג	ש	ת	ש	ט	פ	ם	ה	צ
ג	ה	ט	א	כ	ד	ב	ס	כ	ש	ה	ה	א	ב	נ

מחבר
הרפתקה
אוסף
הקשר
דואליות
אפי
המצאה
ספרותית
קורא
קריין

דף
שירה
רלוונטי
רומן
נכתב
סדרה
סיפור
היסטורי
טרגי
הומוריסטי

66 - Geografia

ק	ר	ש	ף	ת	ה	ע	ה	ט	צ	ב	ב	ה	א	ן
ו	ה	נ	כ	ש	ל	ס	צ	ח	פ	ה	ה	ל	ו	כ
ר	נ	ב	ם	ב	ר	ע	מ	ד	ו	נ	מ	צ	ר	ה
ו	י	ה	מ	י	ס	פ	ר	ה	ן	ב	ע	א	ך	ג
ח	ד	א	ה	ר	נ	ף	ו	מ	פ	ה	ט	ג	ד	ס
ב	מ	ס	ה	ף	פ	י	ז	ה	ד	ן	כ	ף	ם	א
צ	ר	פ	מ	א	ף	ם	א	ה	ס	ה	ת	צ	ש	ס
צ	י	י	כ	ל	ג	ב	נ	ל	ל	ד	ל	ד	ד	ם
ד	ד	ב	ע	ג	פ	כ	ם	ס	מ	ח	ח	ג	ת	ס
נ	י	ש	ט	ח	ד	ס	ס	ר	פ	נ	א	ט	ל	ס
ד	א	ת	כ	ג	מ	צ	נ	צ	ש	ב	ם	א	ג	נ
ם	ן	ן	א	כ	ש	ר	ח	ל	ם	ד	ם	מ	ו	ה
צ	צ	ל	פ	ף	ד	מ	ח	ן	כ	נ	ר	ת	ב	ר
ה	ה	ף	צ	ח	א	ע	ח	ם	ב	צ	כ	ו	ה	ל
ע	ו	ל	ם	צ	פ	ג	כ	ן	ב	ש	ס	ב	ם	ם

ים
מרידיאן
עולם
הר
צפון
מערב
מדינה
אזור
דרום
שטח

גובה
אטלס
עיר
יבשת
המיספרה
נהר
אי
קו רוחב
אורך
מפה

67 - Cibo #1

ט	ס	נ	ן	מ	מ	פ	ס	מ	ש	ס	ד	ה	ל	צ
ה	ה	מ	ל	ל	ל	ם	א	ן	פ	ל	ח	ב	פ	ה
ח	ע	ש	ן	ח	י	ר	ט	כ	ס	ס	ל	ט	ת	ע
ב	ק	ו	ע	ש	ו	ם	מ	ד	כ	ג	ס	ו	כ	ר
ט	י	א	ג	ו	ג	ח	ם	ל	מ	א	פ	ה	ס	ע
ב	נ	ר	ש	ה	ר	ד	נ	נ	ס	ן	ס	ן	ן	ש
צ	מ	צ	ר	ד	ש	ה	ט	נ	מ	ל	ם	ן	צ	פ
ת	ו	ג	ב	ש	ב	ש	נ	ן	ט	כ	פ	ר	כ	ף
ן	ן	ט	צ	ת	ב	צ	ל	ו	כ	ג	ת	ף	ח	צ
ח	ו	כ	ח	ו	ל	ן	ע	צ	ט	כ	צ	ג	ף	כ
ג	מ	ד	צ	ת	ח	ב	ש	ה	פ	ט	א	ן	ס	ה
ר	י	מ	י	ץ	ט	ף	צ	ר	ף	פ	ף	ם	ל	ף
ר	ל	ד	ח	ח	מ	כ	ס	ג	ח	ם	ר	ף	ח	ת
ג	ז	ר	ב	ב	ס	ב	ל	ת	ת	ע	ט	ל	נ	ב
ע	פ	ת	כ	א	נ	פ	צ	מ	ש	כ	נ	ף	ת	כ

שום
ריחן
קינמון
בשר
גזר
בצל
תות שדה
סלט
חלב
לימון

מנטה
שעורה
אגס
לפת
מלח
תרד
מיץ
טונה
עוגה
סוכר

68 - Etica

ט	נ	ח	א	ת	נ	ף	ב	ס	כ	א	ס	ס	ם	ן
ס	ט	ל	ה	ו	ס	ה	י	פ	ו	ס	ו	ל	י	פ
ה	ף	צ	ר	א	פ	צ	ה	ר	ט	נ	ב	א	כ	ח
פ	ר	צ	ש	י	נ	ט	ה	ר	צ	ם	ל	ר	ר	מ
ם	ה	ף	ו	ט	ת	ו	י	ש	ס	ח	נ	ן	ע	ל
ד	מ	כ	י	מ	ר	ן	ש	מ	ש	ס	ו	ר	ט	ה
כ	א	כ	ב	ו	ד	צ	צ	ו	י	ד	ת	צ	ר	מ
ף	ף	ם	י	ל	א	כ	ר	ן	ת	ו	מ	י	ח	כ
ל	כ	ל	ד	פ	ש	ת	ה	מ	ה	ל	ת	ו	ם	ו
ט	ל	ע	נ	י	מ	ע	ש	י	ו	ת	נ	נ	ת	ח
צ	ה	כ	צ	ד	ם	ז	י	א	ו	ר	ט	ל	א	מ
ס	ב	ל	נ	ו	ת	צ	ה	ד	ד	י	ש	י	א	ם
ה	ף	ב	כ	ט	ס	ח	ל	א	ן	ב	ר	ו	ן	ד
ש	י	ת	ו	ף	פ	ע	ו	ל	ה	ס	מ	ת	י	ש
ל	ג	ת	פ	נ	ב	ם	כ	ש	ע	צ	ס	פ	צ	ן

אלטרואיזם
נדיב
חמלה
שיתוף פעולה
כבוד
דיפלומטי
פילוסופיה
חסד
יושרה
יושר

אופטימיות
סבלנות
סביר
רציונליות
מעשיות
חוכמה
סובלנות
האנושות
ערכים

69 - Aeroplani

א	נ	ה	ט	צ	ש	מ	ת	מ	ח	פ	ר	ב	ה	נ
ד	צ	מ	נ	ו	ע	ב	ס	י	י	ט	ס	ף	י	א
ב	ף	נ	ע	ו	א	ם	א	ם	כ	פ	ף	ו	מ	ע
ף	ה	מ	כ	ת	ד	צ	ן	ו	ל	ב	ו	ן	נ	ב
ט	כ	ם	צ	כ	נ	ע	מ	צ	ב	ט	א	ו	ע	ח
ג	ס	ס	ה	א	ו	ו	י	ר	ה	ת	ס	ח	ר	א
ר	ל	ן	ו	ו	י	כ	מ	ה	ת	ע	ן	כ	מ	ו
ה	ח	ה	י	י	נ	ב	י	ק	י	ם	ן	א	ט	ו
ק	ל	ד	ל	כ	ל	ס	א	ת	ח	ש	א	ם	ר	י
ד	מ	י	ן	ר	ט	ח	מ	פ	נ	ע	מ	ח	ח	ר
ב	א	ר	מ	ו	ס	ח	ח	ר	ק	י	ע	ה	ד	צ
ר	ט	י	ר	ר	ה	צ	ד	ה	ג	צ	ה	ת	ל	ף
פ	ם	י	מ	ט	ס	ע	מ	ר	ט	ו	ה	ב	ו	ג
צ	ה	ם	ט	מ	ת	ס	ב	ע	ש	ב	ש	ט	ל	ג
צ	ב	פ	מ	ר	ח	ג	נ	ס	ף	ה	ת	כ	ל	מ

גובה
אוויר
אווירה
נחיתה
הרפתקה
דלק
רקיע
בנייה
עיצוב
כיוון

ירידה
צוות
מימן
מנוע
ניווט
בלון
נוסע
טייס
היסטוריה
סערה

70 - Governo

ד ה ט ר ד נ א ע ה ח ס ם ח ז ט
מ צ ן פ ף ד ח צ מ כ ט ע כ ש פ
ו ה ג א ד ח ח מ ג ש פ ו ש ר ל
ק מ ש נ כ י ל א ו מ י ס ל ן ג
ר צ ו א ז ר ח ו ת ו ט נ צ ח ט
ט ב ו ע ש ו ט ת ת ש ו א פ צ ל
י י י ג פ ת ח פ ף ד פ ה מ ו א
ה ד ו ה ע ן ו ד ס י י ס א ב ח
ר א ן ע ט ל ת מ ן ב ש ב ע נ ו
ף ד ב ר י ת ל ג מ ו ל ר צ ד ק
פ ר ח ט ד א כ ע ש ר כ ף ש ש ב
ע ה י ת י ת ש מ פ ן ד ב ף ם צ
א ק ר ה ו ם א ם ט ב מ א ד ח ס
ה ו ט צ ן ע א ש י מ ב ע ל ף ר
ה ח ב ן א ט ה ר ל א ט מ ה ח מ

משפטי
חוק
חירות
אנדרטה
לאומי
אומה
פוליטיקה
סמל
מצב
שוויון

אזרחות
אדיב
חוקה
דמוקרטיה
זכויות
דיבור
דיון
שיפוטי
צדק
עצמאות

71 - Bellezza

ח	ל	ק	ד	ם	ש	ת	ש	ש	מ	ע	ח	ל	מ	ג
ר	כ	ו	ק	ה	ח	מ	פ	י	נ	ג	ו	ט	ו	פ
י	ה	ס	ס	ל	נ	ת	ף	ט	ש	ת	כ	צ	ט	ב
ח	מ	מ	ם	י	ו	ו	פ	מ	ש	מ	ל	ד	ן	מ
ו	ר	ט	ם	ן	ח	ג	א	ה	י	ט	נ	ג	ל	א
ח	א	י	ח	ד	ל	ש	ת	ע	צ	מ	ע	ב	ב	מ
י	ה	ק	ם	י	ת	ו	ר	י	ש	כ	ג	ש	ם	א
נ	ר	ה	ב	ס	י	ט	ת	מ	ף	ג	ס	א	צ	ל
ח	ק	ש	ם	ט	פ	ד	ת	ף	נ	נ	ת	ף	ע	ד
פ	ס	ש	נ	ל	ש	נ	ל	ד	ף	א	א	ם	פ	ע
כ	מ	ג	ד	צ	ב	ע	ב	ר	ג	ן	ם	מ	ר	ה
ה	ל	מ	ם	מ	ה	ו	ר	ת	ם	י	ל	ת	ל	ת
א	ר	ע	צ	ם	ט	ר	ג	ג	ט	ט	מ	ה	כ	ן
ג	ט	צ	מ	ס	פ	ר	י	י	ם	י	ר	צ	ו	מ
כ	ד	ב	ן	נ	ה	נ	צ	ב	ח	צ	מ	ש	צ	כ

צבע
קוסמטיקה
אלגנטי
אלגנטיות
קסם
מספריים
פוטוגני
ניחוח
חלק
מסקרה

שמנים
עור
מוצרים
ריח
תלתלים
שפתון
שירותים
שמפו
מראה
מעצב

72 - Avventura

ה	נ	כ	ה	מ	ט	ס	ה	נ	פ	ח	נ	ד	ע	י
צ	ן	כ	ס	ב	ו	ת	ז	ם	מ	ג	ח	ה	י	ש
א	כ	ל	ע	ח	ו	ף	ד	ת	ט	ן	י	כ	ת	ו
ג	ו	ו	ל	ס	י	ם	מ	ח	ה	פ	ו	פ	פ	ק
ל	ס	י	צ	י	נ	ף	נ	ף	פ	ם	צ	ד	מ	ה
ה	מ	ט	ה	כ	ם	י	ו	פ	י	י	א	ש	ד	ח
ה	ן	ן	ס	ו	נ	כ	ת	ר	מ	ר	ד	ב	פ	מ
ח	ט	א	ס	י	מ	נ	ג	ר	צ	ב	ו	ט	ש	ש
ב	ם	נ	ג	ע	ע	ת	ן	ד	ר	ח	פ	נ	נ	ד
ט	נ	ג	ש	ר	א	א	ף	צ	ן	ע	ן	ה	ט	ג
י	ת	ס	פ	ע	כ	ע	צ	ג	א	ף	ג	ב	ע	פ
ח	נ	ה	פ	נ	ם	כ	א	ט	ו	ת	ן	ח	ד	ט
ו	נ	ע	ת	ו	ל	י	ע	פ	מ	ה	ף	ס	ר	ד
ת	כ	ן	נ	ת	ת	כ	ט	ל	ץ	ה	ח	ג	מ	פ
ט	ם	ב	ס	צ	ג	ן	ס	ט	מ	ם	ר	נ	ף	ב

מסלול
טבע
ניווט
חדש
הזדמנות
מסוכן
הכנה
אתגרים
בטיחות
מפתיע

חברים
פעילות
יופי
סיכוי
אומץ
יעד
קושי
טיול
שמחה
יוצא דופן

73 - Oceano

ש	י	ר	כ	צ	ה	ס	ה	ן	ב	מ	כ	ג	א	ג
ו	ף	ף	צ	ל	פ	ש	ו	ת	ו	א	ג	ד	ס	מ
נ	ש	ה	ז	ו	ד	מ	ם	י	ס	ש	פ	כ	ע	ן
י	ש	ש	ה	פ	ד	צ	מ	ו	פ	מ	ה	ל	ח	ל
ת	מ	ם	ר	ח	ס	ט	ג	ו	ש	מ	ע	ע	ר	צ
ב	ס	ף	י	ש	כ	ע	ן	ל	ד	ו	ל	פ	י	ן
ם	ח	ד	ס	פ	מ	י	ר	ש	מ	ב	ס	ר	ם	ג
ת	מ	נ	ו	ן	ט	ו	נ	ה	צ	ם	ר	ת	נ	ס
ג	ח	ס	ט	ל	פ	ה	ג	ל	ם	כ	ט	ף	ת	מ
ט	ם	ח	ש	ד	ל	ם	ס	א	פ	ם	ן	ש	ף	ט
כ	ל	פ	ט	כ	ב	ט	א	פ	א	י	כ	ג	פ	מ
כ	א	ח	ש	א	ב	פ	מ	ל	ו	ל	נ	ן	ת	ס
ש	מ	ל	ח	ת	מ	ס	ח	ל	מ	ג	נ	ט	ר	ד
ג	נ	ג	מ	ש	ת	ם	ם	כ	ח	ו	ס	ע	ר	ה
ם	ה	ל	ע	א	נ	צ	ע	ש	ם	פ	ג	ר	צ	ב

צדפה
דג
תמנון
מלח
שונית
ספוג
כריש
צב
סערה
טונה

צלופח
לוויתן
סירה
אלמוג
דולפין
שרימפס
סרטן
גאות ושפל
מדוזה
גלים

74 - Famiglia

ב	ל	ר	נ	ש	ס	ם	ע	ס	ע	ם	ט	ם	א	ר
ם	ן	ס	ב	א	ד	ה	ש	א	ח	י	י	ן	ד	ח
ד	ו	ד	א	י	מ	ה	י	ט	ג	ד	א	צ	ו	מ
כ	מ	צ	ו	ש	ה	פ	ה	ד	ף	ל	ע	ב	ד	ש
מ	ד	צ	א	ד	ס	ף	ל	ס	ב	י	ב	מ	ה	ר
א	ק	כ	ש	א	ט	ט	ל	ב	מ	נ	ת	ל	ד	ש
מ	ב	ע	ח	פ	ד	ב	נ	מ	ר	ן	כ	ם	נ	ג
ט	א	ה	ש	ם	ס	ל	ל	ר	ן	ב	ה	ט	י	ש
ב	כ	ר	ם	א	א	ב	א	ח	מ	נ	ט	ר	ל	ל
ר	ף	ב	ת	ל	ס	ן	ע	ט	ד	א	ג	ד	ד	ש
ש	נ	ה	א	צ	ב	ג	ם	ש	ן	ג	ר	א	ו	ן
ף	פ	פ	פ	פ	ת	ע	פ	ע	כ	א	ר	ב	ת	ס
ת	ף	נ	ף	צ	א	ח	מ	נ	י	ל	מ	ה	ו	ש
ב	ט	ל	מ	מ	ן	ה	א	כ	ל	ח	כ	י	ח	ש
ם	ש	א	ל	ם	פ	ן	כ	ד	ד	ה	ג	א	א	ע

אב קדמון
ילדים
ילד
בן דוד
בת
אח
ילדות
אימא
בעל
אימהי

אשה
אחיין
נכד
סבתא
סבא
אבא
אבהי
אחות
דודה
דוד

75 - Creatività

ב	ל	ה	מ	ט	ג	ח	ג	ג	ה	ר	נ	כ	ל	א
א	י	נ	ט	ו	א	י	צ	י	ה	מ	ג	ת	מ	כ
ד	ת	מ	צ	ו	ע	ב	ב	צ	ש	ת	צ	ש	ד	ף
מ	ו	צ	ד	ע	ת	ד	י	ר	ו	מ	א	א	ו	ש
י	נ	א	ח	מ	ת	ש	ט	ו	ח	ו	ד	ד	ה	ת
ו	מ	ד	ן	כ	נ	ן	ו	ש	ת	נ	ח	ח	א	ו
ן	א	מ	ד	ש	ש	מ	י	ם	ם	ה	ש	ס	ר	נ
ה	ל	ג	ב	ה	י	ר	ו	ת	א	ע	פ	ף	ש	ו
ע	מ	ח	ג	ן	ת	ו	י	ט	נ	ת	ו	א	ה	י
ת	ח	ע	ע	ב	ו	ו	נ	ז	י	ל	ו	ת	ד	ע
ב	ש	כ	פ	ח	נ	ע	נ	ב	ר	ח	ף	א	ש	ר
ג	ן	פ	ש	מ	ו	ע	ס	מ	ת	כ	כ	ד	ם	נ
ש	ד	ר	מ	ט	י	נ	ט	נ	ו	פ	ס	ה	ס	כ
ד	כ	כ	ח	ם	ז	ט	ף	ת	ו	י	נ	ו	י	ח
ר	ר	כ	מ	כ	ח	ן	ה	פ	ש	ח	מ	ר	ש	ן

תמונה
רושם
עוצמת
אינטואיציה
המצאה
השראה
תחושה
ספונטני
חזיונות
חיוניות

מיומנות
אמנותי
אותנטיות
בהירות
דרמטי
רגשות
ביטוי
נזילות
רעיונות
דמיון

76 - Veicoli

ג	מ	ת	ד	ר	צ	ר	ס	נ	ל	ו	ב	מ	א	צ
מ	ט	ס	ט	פ	ו	כ	ל	פ	צ	ף	ט	ת	מ	ן
ן	ו	ק	ל	ס	ל	ב	ל	כ	מ	פ	ל	י	ג	ר
ד	ס	ט	ס	ו	ל	ת	ב	ה	ן	ן	ג	נ	נ	צ
ג	ם	נ	ת	ד	ת	ס	ש	מ	ח	י	ר	ו	ע	ר
ש	ע	ו	ט	ה	ע	ו	נ	מ	ם	ף	מ	מ	ר	צ
מ	ר	ע	ר	נ	ש	ס	א	ג	ע	פ	ה	ב	ק	ע
כ	ם	ן	ק	כ	ו	ב	ע	ה	ף	ש	ס	ן	ט	א
ו	ס	נ	ט	ב	ם	ת	ק	ו	ס	מ	ד	ד	ה	א
נ	מ	כ	ו	ת	י	ת	ח	ת	ת	ב	כ	ר	ו	ק
י	ח	ט	ר	ם	ה	ר	י	ס	ן	ן	ב	פ	ג	ר
ת	ו	ס	ן	נ	ע	כ	ב	מ	צ	ס	נ	ף	צ	ו
א	נ	ר	ד	ס	ר	א	נ	ט	ס	י	ן	ש	ף	ו
ם	ת	י	א	ש	מ	א	ף	ה	י	ב	א	צ	ר	א
ל	ת	ת	ר	ו	ב	ע	מ	ם	א	ל	ב	ת	ף	ן

מנוע
צמיגים
רקטה
קטנוע
צוללת
מונית
מעבורת
טרקטור
רכבת
רפסודה

מטוס
אמבולנס
מכונית
אוטובוס
סירה
אופניים
משאית
קרוואן
מסוק
רכבת תחתית

77 - Emozioni

ס	נ	ן	ג	ש	א	צ	א	ש	פ	כ	מ	צ	ה	ם
ח	ב	ב	ן	ה	ד	ד	ס	ס	ב	ם	ף	ג	ש	ג
נ	פ	ג	פ	מ	א	א	י	ח	ת	ח	ן	כ	ן	מ
מ	ת	ב	ר	ל	ל	ט	ר	ב	ס	ט	ט	ג	ף	נ
ט	ף	ג	ע	ר	ג	צ	ת	ד	ר	ד	ח	פ	פ	מ
מ	ר	ש	ב	מ	כ	ך	ו	ב	נ	ג	מ	מ	ח	ג
ר	ן	ש	ף	ג	צ	ת	ד	צ	ר	א	מ	פ	פ	ב
ם	ש	ע	ו	ג	ר	א	ה	ד	ה	א	צ	ד	ר	מ
ב	מ	מ	ם	א	ר	ו	ך	צ	ל	ן	ת	כ	מ	ד
א	ח	ו	כ	ד	ל	ג	ף	א	נ	נ	ר	ן	כ	ל
פ	ה	ם	ו	ל	ש	א	ה	ב	ה	ר	מ	ס	ט	מ
ת	ע	ם	כ	ת	ו	כ	ן	מ	צ	ן	ג	ח	ע	ן
צ	ת	ף	ע	ן	ח	כ	ח	ה	ו	ו	ל	ש	צ	מ
ת	פ	ר	ס	ב	נ	ס	ף	ם	ר	ס	ם	ף	ב	נ
ם	ה	א	ט	ס	ע	ס	כ	ב	מ	ג	ד	ף	צ	ף

אהבה
אושר
רגוע
תוכן
נרגש
חסד
שמחה
אסיר תודה
נבוך
שעמום

שלום
פחד
כעס
אהדה
מרוצה
הפתעה
רוך
שלווה
עצב

78 - Natura

ק	ר	ח	ו	ן	פ	ם	ד	ע	ח	מ	ג	ע	ן	ע
ס	ח	ם	י	נ	נ	ע	ש	ב	ת	פ	ג	ת	ם	ד
פ	ר	א	י	כ	ש	ס	ד	ד	ו	צ	א	כ	נ	ל
ה	מ	ט	פ	ק	ל	פ	ר	ע	י	ר	ה	נ	ע	
ף	ף	ע	ו	ן	ו	ן	כ	ש	ח	ף	י	פ	ו	י
ח	ס	פ	ר	ן	ו	צ	ה	ר	י	ם	נ	ם	נ	ם
ה	פ	צ	ט	ח	ה	ד	ת	מ	א	ד	י	נ	מ	י
ה	ר	ת	ט	ל	ק	מ	י	ע	ר	ר	פ	נ	ר	נ
ל	ד	ה	ח	ה	י	א	נ	ל	ן	ט	ק	ס	ס	ו
כ	ם	ת	פ	ש	ח	צ	צ	נ	ש	ע	א	ט	א	י
ט	ם	ש	צ	ש	ש	ש	מ	ד	ב	ר	ב	ם	י	ח
א	ל	כ	ה	נ	נ	ש	ג	ף	ל	ח	נ	ב	ן	פ
כ	פ	ר	ן	ג	מ	פ	ט	פ	ל	ף	צ	ם	צ	ה
כ	ת	צ	מ	ה	ר	ת	ן	ט	ר	נ	ד	נ	א	ה
מ	כ	פ	ם	ל	צ	מ	ס	ח	כ	א	ר	א	ג	נ

קרחון
הרים
ערפל
עננים
מקלט
צוקים
פראי
שלווה
טרופי
חיוני

חיות
דבורים
ארקטי
יופי
מדבר
דינמי
שחיקה
נהר
עָלים
יער

79 - Balletto

פ	ק	ט	ש	ע	י	ב	מ	ק	צ	ב	ט	פ	ף	מ
ל	ה	כ	ר	ל	ו	ג	ר	ת	ב	ע	ן	ף	נ	ל
א	ל	נ	י	ט	ל	צ	ף	ס	ס	ר	ח	ן	ס	ח
ה	ע	י	ר	ד	ו	ג	מ	מ	ס	ל	נ	ז	ל	י
ה	ת	ק	י	ן	ס	ע	ה	ת	ח	ן	ה	נ	ר	ן
ף	פ	ה	ם	י	נ	ד	ק	ר	ת	ו	ה	א	כ	ה
מ	ו	ז	י	ק	ה	ב	ח	ו	ס	נ	ו	ף	ר	מ
ה	ש	נ	ש	ף	ה	ת	י	מ	פ	ג	ם	ה	ט	י
א	ת	ן	ב	ב	ם	ף	נ	ז	כ	ס	ב	ף	ב	ו
ס	פ	ד	ף	ס	ן	ף	נ	ת	ג	ר	א	מ	ש	מ
ש	י	ע	ו	ר	י	ם	י	א	מ	נ	ו	ת	י	נ
כ	ו	ר	י	א	ו	ג	ר	פ	י	ה	ף	א	כ	ו
פ	ד	א	ן	ד	ע	ם	ח	צ	צ	ג	מ	א	ן	ת
ד	א	ב	ף	א	כ	ד	ם	ש	ל	ם	מ	ן	ר	ג
מ	ד	ן	א	ה	ם	א	ע	ת	ה	צ	מ	ר	ן	ת

שיעורים
שרירים
מוזיקה
תזמורת
תרגול
חזרה
קהל
קצב
סגנון
טכניקה

מיומנות
אמנותי
סולו
רקדנים
מלחין
כוריאוגרפיה
מביע
מחווה
חינני
עוצמת

80 - Paesi #1

ט	ח	מ	צ	נ	ף	פ	ת	צ	ה	ב	פ	כ	ד	ק
פ	נ	ש	ת	ת	ו	ד	ו	ה	י	נ	מ	ו	ר	נ
צ	ט	ר	כ	ק	א	ר	י	ע	נ	כ	מ	ל	פ	ד
נ	ע	א	צ	ש	ט	ב	ו	ל	מ	ע	ר	ה	ס	ה
ק	מ	ב	ו	ד	י	ה	ה	ו	ר	ב	ו	ב	ה	ן
א	מ	ש	ת	מ	כ	ן	מ	א	ג	נ	ק	צ	כ	א
י	ש	ר	א	ל	י	ז	ר	ב	ג	י	ו	ש	ח	ע
ו	י	י	ט	נ	א	ם	א	ב	ט	ח	ה	פ	ר	ל
פ	ר	ת	ה	ס	נ	ג	ל	ם	ד	נ	ל	נ	י	פ
ה	ו	ן	ד	ש	ד	ל	צ	צ	י	ל	א	מ	ם	ב
נ	ש	ל	ל	ף	ט	ב	ט	ט	ח	ר	ו	ה	ר	ל
כ	א	ן	י	ג	כ	ף	ח	ל	ל	ע	צ	מ	פ	צ
ל	ף	ם	ס	ן	ן	ן	ח	ח	ש	ח	נ	מ	ה	כ
ר	ף	פ	ם	ש	ר	ן	צ	נ	ב	נ	ו	ט	נ	ע
ל	מ	ן	ש	ס	פ	ד	ג	ס	ט	נ	ב	ע	ב	ם

ברזיל
קמבודיה
קנדה
מצרים
פינלנד
גרמניה
הודו
עיראק
ישראל
לוב

מאלי
מרוקו
נורווגיה
פנמה
פולין
רומניה
סנגל
ספרד
ונצואלה
וייטנאם

81 - Geometria

מ	ד	ם	ח	ט	ש	מ	ס	ח	ג	ת	ש	ד	מ	מ
ג	נ	מ	צ	ב	כ	ג	ע	י	ק	פ	ו	א	ש	ב
ב	ס	ת	י	ו	ו	ז	א	ה	מ	ו	ק	ע	ו	ר
ד	ש	ל	ו	ש	מ	ע	ג	ל	ח	ט	ף	ט	ו	ר
ס	ד	ס	ן	ב	ן	מ	ס	ה	ט	א	ר	ק	א	ש
ל	ת	פ	ע	ס	ם	נ	כ	ב	נ	ם	א	י	ה	צ
ד	כ	פ	ד	מ	ם	כ	ם	מ	מ	ת	ט	כ	ה	ל
א	נ	צ	ל	ר	צ	ת	פ	ן	ף	י	ן	נ	י	ס
ט	ד	ח	נ	ת	מ	ע	ע	מ	ע	א	פ	א	צ	ר
נ	ח	מ	ר	ה	ק	י	ג	ו	ל	ו	ת	ע	ר	ף
ס	י	ק	ב	ב	ב	ג	ו	ב	ה	ר	מ	ב	ו	ה
א	ש	מ	ו	א	י	ה	ד	א	כ	י	ה	ל	פ	ש
ן	ו	ל	ס	ט	ל	ן	ח	פ	נ	ה	ד	ת	ו	ל
ש	ב	פ	א	פ	ר	ס	ש	ס	פ	ח	ע	ע	ר	צ
פ	צ	ח	ס	ת	ר	מ	צ	ט	כ	ש	ם	ם	פ	ב

גובה
זווית
חישוב
מעגל
עקומה
קוטר
ממד
משוואה
לוגיקה
חציון

מספר
אופקי
מקביל
פרופורציה
קטע
סימטריה
משטח
תיאוריה
משולש
אנכי

82 - Foresta Pluviale

ל	ף	ג	ח	ס	ן	כ	ש	ד	ג	ם	ב	ע	מ	ט
מ	א	כ	ר	ר	כ	ע	ף	ו	ו	ב	צ	ט	י	ר
ש	ח	ז	ו	ר	ק	ם	ע	ב	ט	ח	צ	ח	נ	ג
ש	ב	פ	ב	ט	ר	י	ד	כ	ח	נ	י	ב	י	ף
ג	י	ו	ו	ן	ף	כ	ם	י	ל	ק	א	י	ם	ל
פ	ת	כ	ר	צ	ש	א	ג	פ	ל	צ	ל	נ	ם	מ
ג	ו	נ	ג	ל	ל	ש	י	מ	ו	ר	ת	ט	י	א
ד	ד	ש	ן	ג	כ	י	ו	נ	ק	י	ם	ו	נ	ד
ל	ר	ש	ש	ה	ס	ש	כ	ת	ב	כ	י	ב	נ	כ
ס	ש	י	ר	פ	כ	ד	ף	מ	ן	נ	ר	ד	ע	נ
כ	י	ק	ל	ב	ן	ם	ת	ק	ל	ל	ו	ח	מ	ם
פ	ה	ר	ש	ב	ב	י	ט	ל	א	ן	פ	ס	ט	ס
ת	ג	ש	ג	ט	ל	ף	ל	ט	ף	ח	י	פ	פ	ב
ק	ה	י	ל	ה	נ	ש	א	י	ם	ח	צ	מ	ה	ה
פ	נ	ג	ט	ס	ן	ל	ד	ן	ד	ד	פ	ה	ן	ה

דו-חיים
בוטני
אקלים
קהילה
גיוון
ג'ונגל
יליד
חרקים
יונקים
טחב
טבע
עננים
שימור
יקר
שחזור
מקלט
כבוד
הישרדות
מינים
ציפורים

83 - Edifici

ר	ש	ת	ה	א	ס	ם	מ	ס	ר	ם	ב	נ	ד	ת
ת	י	א	ט	ר	ו	ן	ת	פ	א	ף	י	ח	ר	ט
ו	ת	כ	ק	ב	י	ש	ס	ג	ע	ם	ת	א	ט	ט
ר	א	ט	ר	נ	י	ד	ף	פ	ם	ל	ח	כ	נ	ד
י	ע	ט	מ	ב	פ	ת	ח	פ	נ	ן	ו	ל	מ	ה
ר	ט	ף	ר	ן	ב	מ	ס	ת	פ	א	ל	ט	נ	ן
ג	ה	א	פ	ם	נ	א	נ	פ	כ	ו	י	ס	ד	ט
ש	ע	ן	ו	א	י	ז	ו	מ	ר	נ	ם	ו	ה	ש
ה	ו	ו	ס	ט	י	ר	ה	ם	ש	י	ל	ה	ו	א
ע	נ	י	מ	ע	ב	ד	ה	ב	ח	ב	ר	ת	ם	ר
ל	ל	ד	ג	מ	כ	ר	א	כ	ן	ר	ם	ס	ה	ש
ש	ו	ט	מ	ם	ג	נ	פ	ד	נ	ס	ש	ד	מ	ה
א	ק	צ	צ	ח	פ	ח	ל	ה	ם	י	פ	ש	צ	צ
ס	ד	א	ר	נ	ף	ר	ט	ף	ד	ט	צ	ם	פ	מ
ט	ר	ם	ה	ג	ע	ר	ר	ן	ח	ה	ג	ס	ה	נ

בית חולים
המצפה
הוסטל
בית ספר
אצטדיון
סופרמרקט
תיאטרון
אוהל
מגדל
אוניברסיטה

שגרירות
דירה
תא
טירה
קולנוע
מפעל
אסם
מלון
מעבדה
מוזיאון

84 - Malattia

צ	מ	ו	ת	נ	י	ש	ה	א	ל	ד	ח	ח	ם	נ
ף	ח	ם	ח	ה	ר	ד	ל	ק	ת	ל	ד	ש	ט	ר
ח	ס	י	נ	ו	ת	ה	א	ח	נ	צ	ר	ל	ק	ד
מ	ב	ם	צ	כ	ו	ב	נ	ם	ו	ע	ן	ט	ב	ח
פ	ג	ו	ף	ר	י	מ	ו	ה	מ	י	ש	נ	ד	י
ל	ת	ב	ן	צ	ג	ר	י	ח	ס	ל	ר	ע	מ	י
מ	ת	ו	א	י	ר	ב	ר	ד	ת	ט	ף	ה	ן	ד
ף	ג	ש	ג	ד	ל	ס	ו	ע	ש	י	ה	ש	ל	ק
ר	נ	ד	ר	נ	א	ן	פ	ב	צ	פ	ט	ע	ב	י
י	ט	ח	נ	ת	י	נ	ת	מ	צ	ו	ן	א	ן	נ
א	י	ג	ע	ן	ת	ם	י	ל	פ	ל	נ	כ	ף	ו
ת	צ	ס	ר	צ	ש	ף	ה	ט	צ	כ	ט	ת	כ	ר
י	ש	ם	נ	ש	ר	ף	נ	ב	ם	נ	כ	ט	ט	כ
צ	א	ר	ג	ג	ו	ס	ף	כ	ל	מ	ף	פ	ס	ן
ע	ח	כ	ג	ן	ת	ה	ח	מ	צ	פ	פ	כ	ן	צ

חסינות
דלקת
מותני
נוירופתיה
פתוגנים
ריאתי
נשימה
בריאות
תסמונת
טיפול

בטן
אלרגיות
חיידקי
מדבק
גוף
כרוני
לב
חלש
תורשתי
גנטי

85 - Paesi #2

א	מ	א	ה	מ	ד	ן	ף	ד	ר	ש	ן	ה	ג	מ
י	ט	ר	ב	א	ח	צ	ח	ר	כ	נ	ר	מ	ה	ק
ר	ב	ת	ה	נ	י	א	ר	ק	ו	א	צ	ב	ג	ס
ל	ת	ס	ר	פ	ה	ט	ח	ס	י	פ	ן	ו	ו	י
נ	ת	ט	ס	א	מ	נ	י	ו	ע	ף	ט	ע	צ	ק
ד	ן	נ	ה	ל	ש	ה	ן	ר	ם	ם	ס	ס	א	ו
פ	ג	מ	י	י	ק	ה	ד	י	צ	פ	י	ס	ו	נ
צ	ש	ד	ז	ת	ש	י	פ	ה	א	ס	ק	ע	ג	ב
ל	ת	ת	נ	ט	ש	ר	ה	י	י	נ	פ	ד	נ	מ
כ	א	ל	ו	ל	ג	ג	ן	פ	ק	נ	ע	מ	ד	ח
ג	ס	י	ד	ס	ה	י	ס	ו	ר	צ	ב	ד	ה	ח
ג	ו	ב	נ	ד	פ	נ	ש	י	מ	ם	ב	ל	ר	פ
ה	ד	ר	י	ל	א	ו	ס	ת	נ	ס	מ	ם	א	ג
ד	ן	י	א	ד	ב	נ	ש	א	ד	נ	ג	ט	ר	ט
ם	נ	ה	ט	ע	ה	ה	ת	ף	מ	ר	כ	ס	ח	ן

אלבניה
דנמרק
אתיופיה
ג'מייקה
יפן
יוון
האיטי
אינדונזיה
אירלנד
לאוס
ליבריה
מקסיקו
נפאל
ניגריה
פקיסטן
רוסיה
סוריה
סודן
אוקראינה
אוגנדה

86 - Tipi di Capelli

צ	ש	ך	ט	ר	צ	ק	כ	ס	ף	ה	פ	ט	נ	נ
כ	ב	ר	ז	ה	ב	ע	ל	מ	ע	ל	פ	ג	כ	צ
מ	י	ע	ה	צ	ן	א	נ	ו	צ	ן	פ	נ	ם	פ
ב	ל	ם	ו	ף	ב	ט	ף	ן	ע	ן	ל	ב	ר	פ
מ	מ	ל	ג	נ	ם	ב	ר	ר	ן	ג	פ	ה	ת	ם
ל	ש	ג	פ	ר	י	ט	ל	נ	ג	ר	ר	נ	מ	נ
ג	ן	ל	ע	כ	ל	כ	ן	נ	ע	ן	א	ע	ס	ג
נ	ח	י	ע	ג	ת	ו	מ	צ	ט	מ	ח	ה	א	ם
ט	ח	ת	נ	מ	ל	ב	ר	י	א	ט	ס	צ	ן	פ
א	ר	ו	ך	י	ת	ן	ל	ע	פ	ת	ב	ב	ם	ף
ס	י	ד	ד	ש	ד	נ	ס	צ	ף	ם	א	פ	ו	ר
ג	ק	פ	כ	ף	ש	נ	ב	נ	א	ן	ג	ר	נ	ף
ר	מ	ף	ה	ר	ט	נ	ו	ק	נ	ב	א	ת	ה	ל
נ	ט	ח	ו	ם	מ	ת	ו	ל	ת	ל	ש	ח	ו	ר
ס	ס	ל	כ	נ	ה	ט	מ	ח	ב	ד	ם	ד	ן	כ

ארוך
חום
רך
שחור
מתולתל
תלתלים
בריא
רזה
עבה
צמות

כסף
יבש
לבן
בלונדיני
קצר
קירח
צבעוני
אפור
קלוע
חלק

87 - Vestiti

ג	פ	ת	נ	צ	ף	ס	ג	א	ט	ג	ר	נ	י	ס
פ	א	ד	א	ו	פ	נ	ה	ס	ת	ן	נ	ם	ט	ג
ה	ח	ר	ס	פ	כ	ד	מ	ה	ד	ע	ג	ע	ר	ב
ר	ג	ד	ף	נ	ע	ל	ג	ר	ן	א	ת	ב	ד	ר
א	ש	נ	ר	ף	ג	י	י	ן	מ	ט	י	ו	ו	ח
ל	ט	א	ע	פ	י	פ	ם	ב	ל	י	ב	כ	ו	ה
ף	ש	ד	ב	ף	נ	ף	כ	ט	ם	פ	י	נ	ס	נ
ה	צ	ל	ו	ח	ס	פ	ן	מ	ע	י	ל	ס	ף	ג
ל	ד	ן	נ	צ	פ	ת	ר	ש	ר	ש	ע	מ	ד	ש
מ	ב	פ	נ	ו	ה	ן	מ	כ	ד	ס	נ	ת	ת	ע
ש	ר	ה	ת	מ	נ	ח	צ	ח	ש	צ	נ	ג	ן	נ
מ	צ	ע	י	ף	נ	ג	צ	ר	מ	ד	ח	ש	ש	ב
ן	מ	צ	א	ם	א	ו	א	י	ב	צ	ע	ת	ש	פ
ם	ר	א	צ	ה	ת	ר	ד	ש	נ	נ	פ	ח	פ	ג
ח	צ	ף	ח	נ	נ	ה	ט	ם	י	י	ס	נ	כ	מ

כפפות
ג'ינס
סוודר
אופנה
מכנסיים
נעלי בית
פיג'מה
סנדלים
נעל
צעיף

שמלה
צמיד
גרביים
חולצה
כובע
מעיל
חגורה
שרשרת
חצאית
סינר

88 - Attività e Tempo Libero

ע	ף	ט	נ	ע	ט	ה	ע	ל	ר	ח	ע	ת	נ	ה
ס	נ	ל	ס	ר	צ	י	ף	ר	ף	כ	ד	ת	ס	ב
כ	ח	ק	כ	ף	צ	י	ו	ע	פ	ר	ש	ת	י	ף
ע	ה	נ	ל	ם	כ	ח	ר	ל	ע	ע	ב	נ	ע	ד
ח	ב	י	ף	ן	ט	ש	ג	ע	י	ג	ר	מ	ו	ח
ר	ת	ו	א	כ	נ	ד	י	ד	ד	ם	ט	ס	ת	ט
א	ד	ת	ת	ד	י	כ	א	ג	ו	ל	ף	ק	צ	ד
ת	פ	ט	ט	ו	ס	ם	נ	ע	א	ג	ע	מ	ל	מ
ב	ח	ת	ס	ר	ו	י	צ	ן	ס	ר	ר	פ	י	ה
פ	י	ב	ב	ס	א	מ	נ	ו	ת	ו	ו	י	ל	ר
ס	ם	י	י	ל	ד	מ	ת	נ	ן	ד	ד	נ	ה	ס
ס	פ	ח	ס	ב	א	נ	ד	י	ר	כ	כ	ג	י	ד
מ	ב	ב	ש	ב	י	ב	מ	ג	ן	צ	מ	ם	ם	ת
ל	ף	ש	ח	ל	ו	ם	כ	צ	כ	ב	ן	פ	ב	ר
ג	ל	י	ש	ה	צ	ל	ל	ב	ן	ע	ט	ט	ס	ס

אמנות
בייסבול
כדורסל
איגרוף
כדורגל
קמפינג
טיולים
גינון
גולף
תחביבים

צלילה
שחייה
כדורעף
דיג
ציור
מרגיע
קניות
גלישה
טניס
נסיעות

89 - Meteo

ט	ו	ר	נ	ד	ו	ג	ע	ד	ב	ה	ל	ת	ח	א
ב	צ	ו	ר	ת	ש	ק	ן	ח	ף	ף	כ	ם	ע	ו
ש	ר	ס	ם	ח	ב	ר	כ	ש	ח	ח	ל	ג	ר	ו
ר	א	ה	ע	מ	י	ב	מ	נ	א	ת	ש	כ	ק	י
ר	ע	ט	ע	ר	ן	פ	א	ס	ר	י	ד	א	י	ר
ש	ש	ם	ה	ב	ה	ר	ו	ט	ר	פ	מ	ט	ע	ה
ע	נ	ה	ד	צ	ף	ח	ח	ה	א	ו	ב	א	ח	ף
ם	ף	א	א	ק	ל	י	ם	ו	ר	ר	ט	א	מ	ט
ר	פ	ג	ג	כ	פ	ש	ם	ר	ו	ט	ו	מ	ח	מ
ל	מ	כ	ם	ע	ר	כ	ת	י	ח	ב	ק	·	ס	ב
ר	ש	צ	ן	ר	ע	ח	ל	ק	ע	ן	ה	ע	ח	ס
ס	ל	מ	ט	מ	ר	ש	ן	ן	ט	ט	צ	נ	ר	-
ח	ר	א	ד	מ	ב	ב	ס	מ	צ	כ	ד	ן	ק	ג
א	מ	ו	נ	ס	ו	ן	ט	ת	ש	ף	צ	א	ש	א
ן	ר	פ	ף	ן	א	ם	ס	ה	ת	ע	ע	ן	נ	ה

קשת
יבש
אווירה
רוּחַ
רקיע
אקלים
ברק
קרח
מונסון
ערפל
ענן
הקוטב
בצורת
טמפרטורה
סערה
טורנדו
טרופי
רעם
הוריקן
רוח

90 - Corpo Umano

ש	א	ר	ס	ף	ש	ב	ג	ע	ף	צ	ף	צ	ב	ט
מ	צ	כ	ת	ף	מ	ד	ם	ש	צ	ם	ם	ב	נ	נ
ף	ב	ט	ד	ע	ט	ה	פ	ד	ש	ר	ש	ש	ש	ד
ט	ע	ן	ז	ו	א	ר	ת	ט	ה	ק	ם	מ	נ	ט
ש	ם	ח	ע	ר	ט	נ	ס	כ	מ	ת	י	ג	ר	ה
ג	ח	ם	ש	א	ן	ן	נ	ש	ט	א	נ	ב	נ	ת
מ	ש	א	ח	ו	פ	ס	מ	ם	ס	ג	פ	ם	ה	ף
ב	ה	ל	ף	ו	ב	ן	ס	ט	ק	ר	ג	פ	ת	ע
ג	ב	ס	ת	צ	ח	ה	כ	ט	ר	א	צ	ד	א	י
א	פ	ה	כ	ר	ב	ש	א	ע	ס	ש	ם	מ	פ	ן
מ	מ	ח	צ	ד	ם	ף	ע	ב	ו	ת	פ	נ	ם	ה
ת	ר	ם	ד	ג	ה	י	ד	נ	ל	ת	ף	ב	ף	ח
ס	פ	מ	ו	ח	ג	ד	ה	א	ג	א	ם	ר	ד	ל
ל	ק	ן	נ	ם	ף	ד	ם	ף	ר	ש	ף	ך	ע	א
ב	ן	ש	ג	ה	ן	ם	ר	ח	ר	ג	ע	ד	ג	כ

פה
קרסול
מוח
צוואר
לב
אצבע
פנים
רגל
ברך
מרפק

יד
סנטר
אף
עין
אוזן
עור
דם
כתף
קיבה
ראש

91 - Mammiferi

ל	צ	ט	ב	ל	מ	א	ת	ע	ס	ד	ב	ד	ן	ת
ו	ב	ט	ד	ם	א	ג	פ	ל	צ	כ	ל	ב	א	ז
ו	ד	מ	ף	ל	מ	ם	פ	ע	ג	ד	ח	ת	ו	ל
י	ו	ש	ל	כ	ם	ע	ש	ן	כ	ע	ה	ת	ה	י
ת	ל	ס	ו	ס	מ	מ	צ	ע	ף	ב	ת	ס	ב	פ
ן	פ	ה	י	ר	א	ח	מ	פ	ף	ק	ו	ף	ד	ן
ם	י	ש	ב	כ	ב	ם	ת	ל	נ	כ	ב	ד	פ	ט
מ	ן	ה	ה	צ	נ	א	ס	מ	ה	פ	ר	י	ג	צ
ש	מ	ר	ס	ב	ס	ם	ש	פ	ה	ל	ע	ג	ע	מ
ט	ו	ל	ה	י	ק	נ	ג	ו	ר	ו	ב	ו	ל	ד
ת	ב	ע	ב	ל	ס	ש	ר	צ	ב	ב	א	ר	ל	ש
ף	ט	א	ל	צ	ד	פ	ם	צ	ז	ף	ז	י	ח	ע
ח	פ	ג	ם	פ	ע	פ	ן	ס	ה	ל	צ	ל	נ	ג
כ	ט	ג	מ	צ	כ	ף	ן	ל	ח	מ	ם	ה	מ	ם
ן	ה	א	ר	נ	ב	ש	ל	ס	ע	ג	ס	ט	מ	ד

לוויתן
כלב
קנגורו
סוס
צבי
ארנב
זאב ערבות
דולפין
פיל
חתול

ג'ירפה
גורילה
אריה
זאב
דוב
כבשים
קוף
שור
שועל
זברה

92 - Cucina

כ	ר	ב	כ	ד	ל	ח	ע	ד	ד	נ	ט	ס	ת	ט
ו	צ	ן	פ	ע	ש	ה	ר	ר	ק	מ	ט	צ	א	ח
ס	ף	ע	י	ח	צ	א	נ	ק	ה	ת	ר	מ	צ	ק
ו	מ	ז	ו	ן	ל	י	ג	ו	ה	ד	ט	ה	ע	ש
ת	נ	ן	ת	ש	ס	פ	ס	מ	צ	ת	ח	ר	ת	ג
ף	ף	ט	ו	ן	ר	ק	ה	ק	פ	ג	ה	ס	ט	ש
ס	פ	ו	ג	ח	פ	מ	מ	ו	ב	ם	ל	ס	ח	כ
ג	ר	י	ל	ח	ד	ע	צ	ם	ל	ד	י	ד	ד	מ
ס	ש	ש	ז	ב	מ	ף	ק	ד	ס	א	כ	א	ע	ת
ן	ע	פ	מ	מ	פ	ב	ת	כ	ט	ן	א	ע	צ	כ
ב	נ	ת	ב	ל	י	נ	י	ם	ם	ש	ת	ג	ה	ו
ת	נ	צ	נ	צ	ת	נ	ו	ר	פ	מ	ו	צ	מ	ן
ר	פ	ט	ת	ב	י	ב	ף	ח	ר	ם	ל	א	ם	מ
מ	ח	ר	כ	ם	ד	ר	ן	מ	מ	ח	ק	פ	ן	ב
ת	ר	ר	ר	ת	ה	ש	ן	ת	ג	כ	מ	ת	ה	ע

מקרר
סינר
גריל
מצקת
מתכון
תבלינים
ספוג
כוסות
מפית
צנצנת

מקלות אכילה
קומקום
כד
מזון
קערה
סכינים
מקפיא
כפיות
מזלגות
תנור

93 - Giardinaggio

צ	מ	ן	מ	א	ד	ט	ה	ה	מ	ד	א	ש	ט	ז
צ	ע	פ	ר	ג	נ	ד	ל	ח	ף	ח	ק	מ	א	ר
כ	ל	ס	מ	ש	ק	ת	ע	י	ל	ר	ז	מ	ב	ע
פ	ד	ר	ר	ב	ו	א	א	ר	כ	ט	ו	ב	א	י
ל	מ	ל	ף	ת	מ	ל	ר	פ	י	א	ט	ע	ד	ם
צ	צ	א	ב	א	פ	ג	ר	ף	מ	ם	י	ל	ק	א
מ	ף	פ	ם	נ	ו	ע	כ	ן	ה	י	י	ף	א	נ
צ	ר	צ	ר	כ	ס	ח	כ	ד	ף	ל	ג	נ	ם	ד
ף	ן	צ	ו	ח	ט	כ	ש	ה	ח	ִ	ש	ח	י	ב
ע	ש	י	נ	ט	ו	ב	כ	נ	ט	ָ	נ	מ	מ	מ
פ	ם	ה	י	ש	ת	נ	ם	ל	נ	ע	מ	ף	ר	צ
א	ב	ג	צ	פ	א	מ	י	ע	ו	נ	ת	י	מ	צ
ן	א	ל	ע	צ	ר	כ	מ	נ	ס	ש	ו	ם	ה	ג
כ	ג	ב	ף	צ	ע	ן	נ	ה	ה	ג	ח	ט	ת	פ
ן	ד	פ	פ	ד	א	א	ד	ד	ג	ן	ל	ט	ת	ב

מים
בוטני
אקלים
אכיל
קומפוסט
מיכל
אקזוטי
פריחה
פרחוני
עלה

עָלִים
זר
זרעים
מינים
עפר
עונתי
אדמה
צינור
לחות

94 - Universo

ת	ה	א	ג	ש	ן	ב	ע	ה	י	ס	ק	ל	ג	א
ג	ה	ר	י	ו	ו	א	מ	י	מ	ס	ו	ק	נ	ס
א	א	ס	ק	נ	ת	ע	ש	פ	צ	ח	ד	ע	ה	ט
ר	ס	ר	פ	י	נ	ב	ח	ו	ר	ו	ק	ד	מ	ר
צ	ט	ד	ט	ל	ע	צ	ג	ך	ש	ו	ח	ת	ת	ו
ח	ר	י	נ	ד	ס	ג	ג	ט	ר	ת	ף	ן	ה	נ
ד	ו	א	ס	ט	ר	ו	א	י	ד	ו	נ	ש	ה	ו
ה	נ	נ	ש	ם	ד	ן	פ	ע	ג	ר	א	ה	מ	ם
נ	ו	ג	מ	ן	א	ו	פ	ק	א	ת	ש	מ	ש	ד
ש	מ	ש	ל	ע	פ	ט	ע	ב	ג	מ	מ	י	נ	נ
ה	י	ש	ו	ו	ש	ם	נ	ח	א	ת	י	ס	ד	כ
ת	ה	ט	ל	ה	י	ת	מ	מ	כ	ל	מ	פ	ע	ש
ה	ד	ש	ס	צ	ף	ת	ש	ש	ר	ר	י	ר	נ	כ
נ	כ	ח	מ	א	ן	ט	ל	ס	ק	ו	פ	ה	ם	ב
ש	ט	ש	ג	ל	ג	ל	ה	מ	ז	ל	ו	ת	ב	ח

אסטרואיד
אסטרונומיה
אסטרונום
אווירה
חושך
שמימי
רקיע
קוסמי
המיספרה
גלקסיה

קו רוחב
אורך
ירח
מסלול
אופק
שמש
היפוך
טלסקופ
גלוי
גלגל המזלות

95 - Jazz

ת	ש	ם	ש	ג	ב	א	פ	ג	ת	ד	ל	ד	ג	כ
ז	צ	י	ח	ב	כ	ר	ה	ס	ח	ס	ת	צ	ת	י
מ	ח	ט	ר	צ	נ	ו	ק	צ	מ	כ	ת	ג	ו	ש
ו	ל	ד	פ	ק	ג	מ	ו	ע	ד	פ	י	ם	פ	ר
ר	נ	א	ז	ט	כ	ם	ס	ש	ם	ט	צ	ף	י	ו
ת	ס	ב	כ	ם	מ	ו	ז	י	ק	ה	א	ף	ם	ן
פ	ב	ג	ט	ס	ף	ב	מ	י	נ	ק	ע	מ	צ	כ
ר	ג	ת	נ	ר	ה	ל	ל	ש	ש	י	ם	ג	ן	כ
ח	ד	ש	ל	ו	ל	א	ח	ן	ח	נ	ג	א	ג	צ
ן	ש	ם	ם	פ	ן	ת	י	צ	פ	כ	ם	ף	ח	ס
ש	ב	ה	ד	מ	א	ב	ן	מ	נ	ט	ע	ח	פ	ח
ל	ג	ב	ר	ג	ל	ן	ס	נ	מ	כ	ן	ע	פ	ר
ד	ר	ם	ד	ח	ת	ר	ח	ת	ן	ם	ל	ה	ע	ד
ת	א	פ	ג	ה	ו	ח	צ	ל	א	ה	ט	ט	כ	ג
ט	ם	א	ש	ר	ר	ס	צ	ר	ת	ר	צ	ש	ה	ג

אלבום
אמן
תופים
שיר
מלחין
הרכב
קונצרט
דגש
מפורסם
ז'אנר

אלתור
מוזיקה
חדש
תזמורת
מועדפים
קצב
סגנון
כישרון
טכניקה
ישן

96 - Vacanze #2

ת	א	י	ם	פ	ש	ג	ם	ט	ק	מ	ם	כ	ת	ד
ף	ה	א	א	צ	ה	ד	ע	ס	מ	ר	ע	נ	מ	ר
ש	ע	נ	ד	ע	ר	ע	ן	ע	פ	ף	ם	ד	ו	כ
ף	מ	פ	ד	ה	ו	א	ז	ס	י	ם	ף	א	נ	ו
ס	ה	כ	פ	צ	ב	ל	ש	ר	נ	מ	ל	ח	ו	ן
ר	צ	מ	צ	ל	ח	צ	ע	פ	ג	ת	פ	ל	ת	ו
כ	ג	א	ר	ע	ת	י	נ	ו	מ	ב	ן	ה	ב	ל
ש	ד	ה	ת	ע	ו	פ	ה	ם	ד	ח	נ	ו	כ	מ
ו	י	ז	ה	ס	פ	ל	ן	צ	ס	מ	ס	א	ר	ל
ע	ם	ף	כ	מ	ש	ה	ש	ס	ר	ת	ע	ם	ג	א
ן	ת	ח	פ	ד	ג	ש	נ	ת	ד	ב	צ	ש	נ	ע
י	ע	ד	ר	ף	ב	ף	ף	ף	א	ד	צ	צ	ח	ב
כ	פ	ה	ד	א	ב	ף	ש	ר	ד	מ	ח	ס	ג	ם
ד	ד	ט	ד	א	ד	ן	ט	ג	ט	ף	ו	ת	ת	ן
ר	כ	ג	ח	ט	ת	ש	צ	ד	ס	ש	ף	ע	פ	ס

חוף
זר
מונית
פנאי
אוהל
תחבורה
רכבת
חג
מסע
ויזה

שדה תעופה
קמפינג
יעד
תמונות
מלון
אי
מפה
ים
דרכון
מסעדה

97 - Attività

א	כ	ף	מ	ן	ף	צ	צ	ר	ם	ח	ש	ף	ד	כ
פ	ש	ט	ס	ת	א	ח	י	ט	מ	ת	ע	נ	ו	ג
ד	י	ת	כ	א	ל	מ	נ	ל	ן	פ	ן	ג	ק	נ
י	א	י	נ	ט	ר	ס	י	ם	ו	ה	ח	ע	י	י
ג	ד	פ	ף	א	מ	ר	ף	ט	נ	ם	מ	ב	ר	פ
פ	נ	א	י	מ	ע	ה	ש	ל	י	י	ס	ס	ט	מ
ע	ל	כ	ד	נ	צ	י	ד	ח	ג	ק	ר	ק	ר	ק
נ	כ	ן	ת	ו	נ	מ	ו	י	מ	ח	ט	נ	מ	ב
א	א	ש	מ	ת	ו	ד	י	ח	נ	ש	ל	ש	ש	ן
ל	פ	צ	ד	ו	ף	ל	ע	ע	ם	מ	ג	א	ף	ש
ט	צ	פ	ה	ל	ם	מ	ק	ט	א	כ	ש	ן	ד	נ
א	ח	ט	ה	י	צ	ט	ר	מ	א	ה	ר	כ	צ	צ
ה	ת	א	ח	ע	פ	ם	י	ל	ו	י	ט	ע	ב	ט
ף	צ	ח	ט	פ	ת	ר	א	ש	ב	צ	ל	מ	ד	ג
נ	ג	כ	א	נ	ח	צ	ה	ר	י	פ	ת	כ	נ	כ

גינון
משחקים
אינטרסים
קריאה
קסם
דיג
תענוג
חידות
הרפיה
פנאי

מיומנות
אמנות
מלאכת יד
פעילות
ציד
קמפינג
תפירה
ריקוד
טיולים
צילום

98 - Diplomazia

ה	ר	ש	ו	י	ד	י	ו	ן	מ	ב	מ	ה	ש	ס
נ	ת	ו	פ	ש	ח	ם	ס	ן	ל	נ	ג	ב	י	ל
מ	כ	נ	ה	ק	י	ט	י	ל	ו	פ	מ	ר	ת	צ
א	ל	ף	ג	ע	ט	ש	כ	ש	ג	ר	י	ר	ו	ט
מ	נ	מ	כ	ש	מ	ס	ג	נ	ש	א	ג	ג	ף	ש
מ	ע	ח	פ	ט	ו	ר	ם	ר	נ	ט	פ	ל	פ	פ
ש	ש	ע	ת	ל	ת	ה	ן	י	נ	מ	צ	צ	ע	ס
ל	מ	ד	ר	כ	פ	כ	ם	ל	ף	ר	מ	ד	ו	ה
ה	ן	ה	ו	ג	י	נ	ט	ב	ם	צ	ו	ק	ל	כ
ה	ן	צ	ן	ם	ד	א	ז	ר	ח	י	ם	ת	ה	ד
ק	ה	י	ל	ה	י	צ	ו	ל	ו	ז	ר	ר	ב	ף
י	א	ב	י	ט	ח	ו	ן	מ	ת	ע	ע	ל	פ	ה
ת	ו	ה	ו	מ	נ	י	ט	ר	י	ש	ל	ט	ל	ד
א	ב	ע	ח	ה	א	ס	פ	ש	צ	ט	ט	ל	א	ד
נ	ד	ה	ץ	מ	ח	מ	ד	ד	מ	ב	ט	ת	ג	ש

שגרירות
שגריר
אזרחים
קהילה
התנגשות
יועץ
שיתוף פעולה
דיפלומטי
דיון
אתיקה

צדק
ממשלה
יושרה
שפות
פוליטיקה
רזולוציה
ביטחון
פתרון
אמנה
הומניטרי

99 - Forniture Artistiche

ר	ת	ע	ב	ט	ש	ר	ח	ן	פ	ה	א	ד	ר	ה
ט	מ	ע	ד	ב	צ	ב	ע	י	מ	י	ם	ע	ג	ס
ד	ל	פ	ף	ל	כ	ג	ד	פ	א	ח	י	כ	נ	ע
ל	ל	ר	ע	ה	כ	ב	ת	ח	צ	ו	ע	ל	כ	ד
כ	ע	ו	מ	פ	י	ס	א	ם	נ	ט	ב	ט	ע	ח
ן	ע	נ	ח	ר	ס	ד	ר	ו	צ	ט	צ	ס	ע	י
צ	ד	ו	ט	כ	א	א	ת	ע	ב	ו	י	ד	צ	ע
ל	ה	ת	נ	ד	ב	ק	ו	ב	ת	ג	ף	י	א	ע
ם	פ	א	ה	ע	ד	ר	ש	ש	מ	ם	ר	כ	ף	ל
מ	ף	ת	ע	נ	י	י	ר	נ	ן	ת	כ	ם	ן	ש
ב	ב	ע	ה	ר	ף	ל	ב	נ	י	ג	ן	ת	מ	פ
ם	י	ל	ט	ס	פ	י	מ	ו	ח	א	צ	ן	ט	ד
ר	א	ד	ה	מ	ח	ק	ת	ע	ה	ם	י	ם	י	מ
פ	מ	ט	ה	מ	ל	צ	מ	ג	ת	כ	ו	ר	ל	פ
כ	ת	כ	מ	צ	ם	מ	ם	ף	ל	ת	ר	נ	ט	ל

מים
צבעי מים
אקריליק
חרס
פחם
נייר
כן ציור
דבק
צבעים
יצירתיות

מחק
רעיונות
דיו
עפרונות
שמן
פסטלים
כיסא
מברשות
טבלה
מצלמה

100 - Misurazioni

ע	כ	פ	פ	ל	ב	ס	ח	ן	פ	ת	נ	פ	ן	ס
נ	ש	מ	ס	ה	ק	ד	א	פ	ת	כ	ל	ן	ס	מ
ע	ל	ר	ט	י	ל	ן	ת	א	ד	ט	צ	ג	א	ט
א	ק	מ	ו	ע	ר	ו	ח	ב	ח	פ	א	ש	ת	א
ף	ו	נ	ץ	נ	י	א	ח	ל	ג	ו	ב	ה	ף	ג
ש	פ	ר	ב	ע	י	ף	ס	נ	ט	י	מ	ט	ר	ר
ח	פ	פ	ך	ג	צ	ש	ט	ק	ב	פ	מ	ט	ם	ם
ק	י	ל	ו	מ	ט	ר	ת	י	מ	מ	ר	ף	ו	ד
ף	נ	נ	פ	א	פ	פ	ל	ל	א	מ	ל	ל	ד	ן
מ	ש	ק	ל	ם	מ	ה	ד	ו	ל	ט	נ	ת	ף	פ
נ	כ	ש	ף	ט	ט	ע	א	ג	ן	פ	ע	ע	ם	צ
ף	מ	פ	ף	ת	ו	א	ר	ר	ת	ר	מ	ט	ר	ה
ח	צ	ח	א	כ	כ	ט	ם	ם	ע	ד	ם	ר	פ	מ
ף	כ	פ	ס	פ	נ	ר	ה	ט	ר	ע	ב	י	ת	א
א	ו	נ	ק	י	י	ת	ח	ד	ש	ד	ב	ן	ג	פ

אורך
מסה
מטר
דקה
אונקיית
משקל
אינץ
עומק
טון
נפח

גובה
בית
סנטימטר
קילוגרם
קילומטר
עשרוני
תואר
גרם
רוחב
ליטר

1 - Scacchi

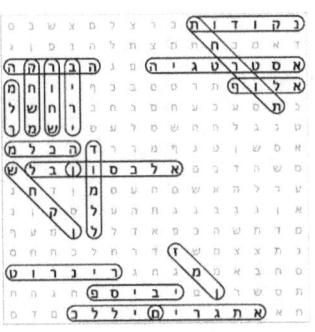

2 - Salute e Benessere #2

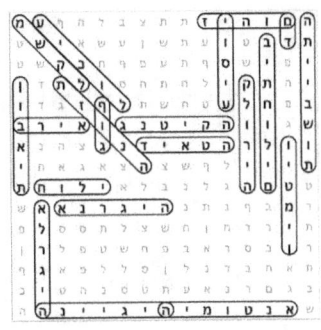

3 - Aggettivi #2

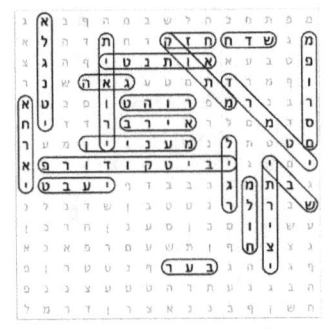

4 - Ingegneria

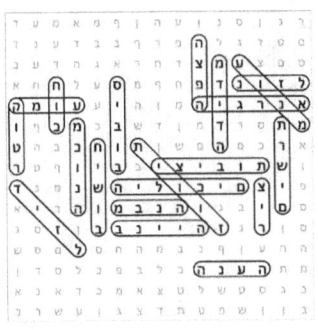

5 - Archeologia

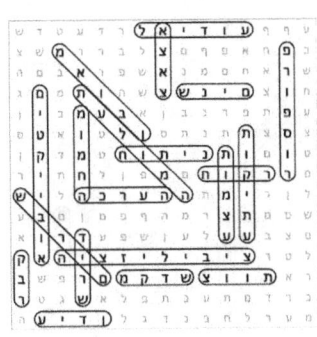

6 - Salute e Benessere #1

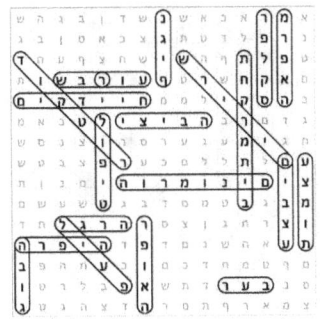

7 - Aggettivi #1

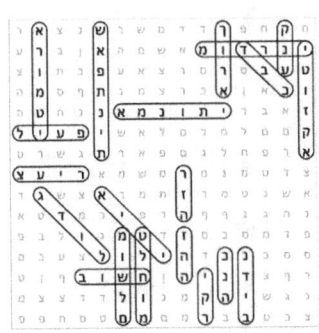

8 - Geologia

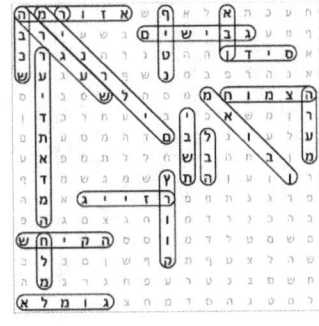

9 - Campeggio

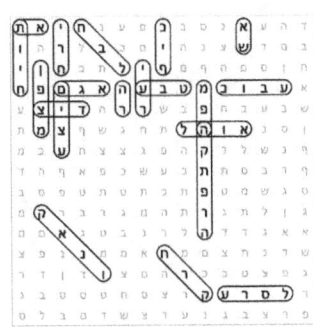

10 - Tempo

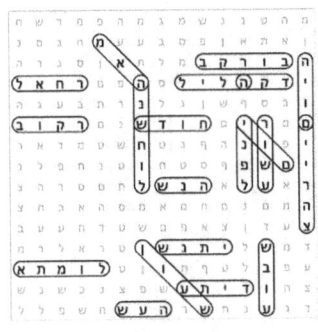

11 - Astronomia

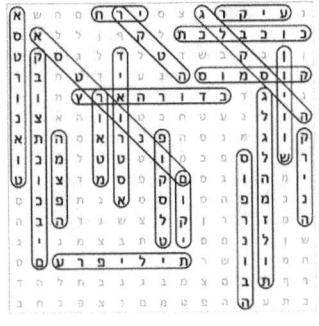

12 - Algebra

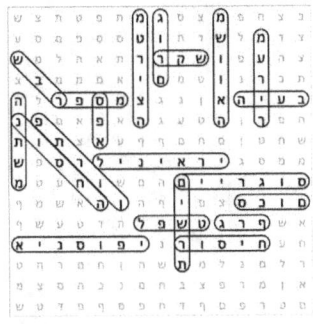

13 - Mitologia

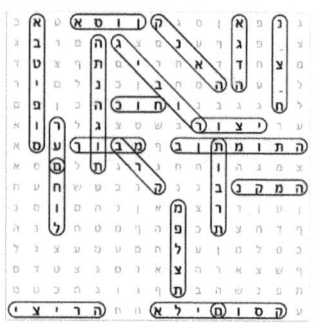

14 - Piante

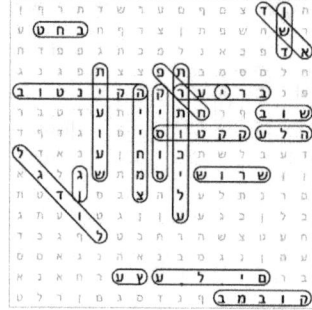

15 - Spezie

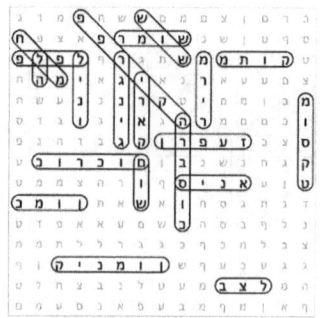

16 - Numeri

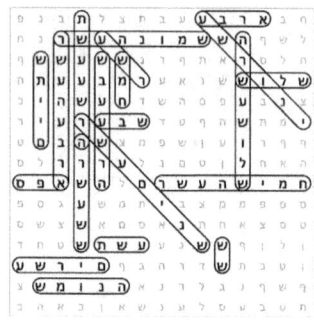

17 - Cioccolato

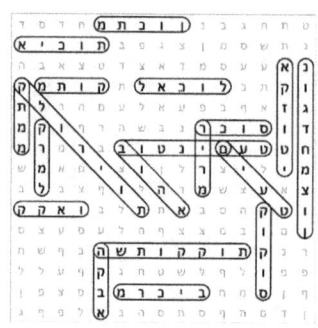

18 - Guida

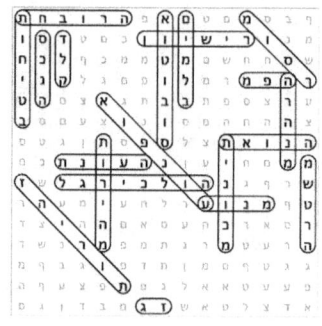

19 - I Media

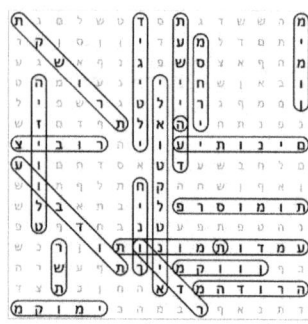

20 - Forza e Gravità

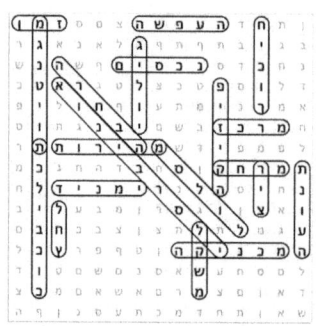

21 - Sport

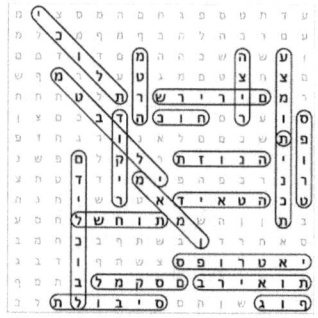

22 - Uccelli

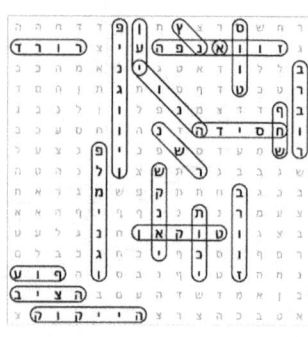

23 - Giorni e Mesi

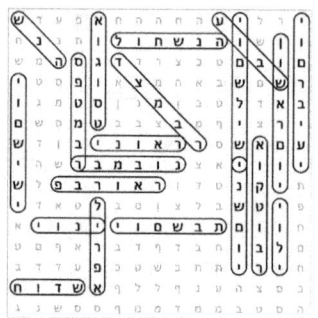

24 - Casa

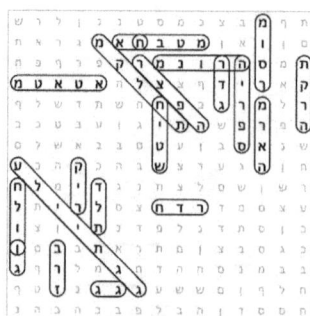

25 - Ristorante #1

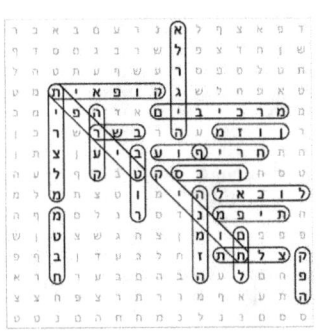

26 - Fantascienza

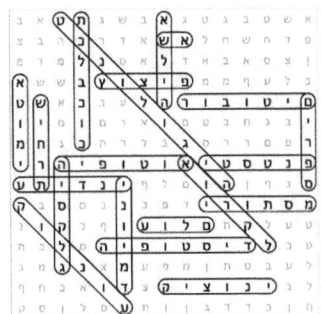

27 - Città

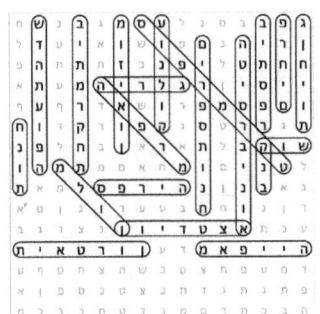

28 - Fattoria #1

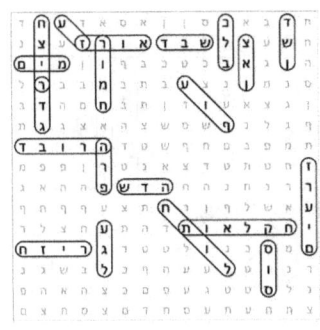

29 - Psicologia

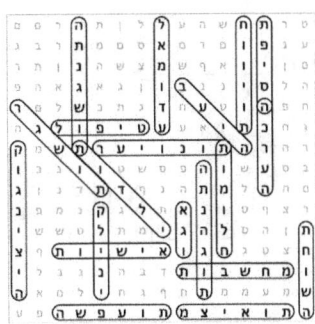

30 - Paesaggi

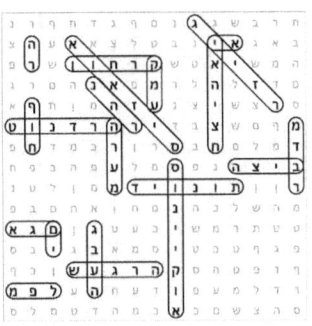

31 - Energia

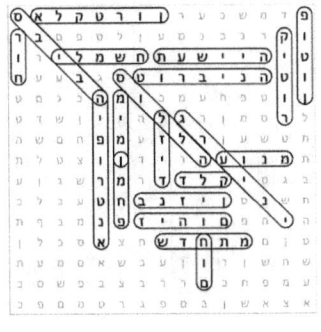

32 - Ristorante #2

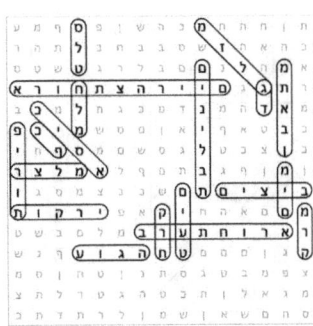

33 - Moda

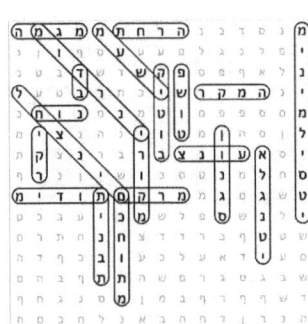

34 - Giardino

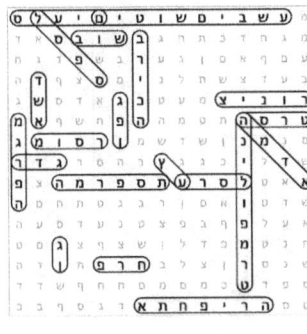

35 - Riscaldamento Gl

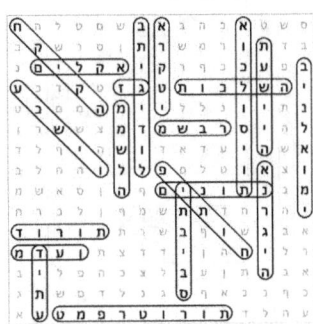

36 - Frutta

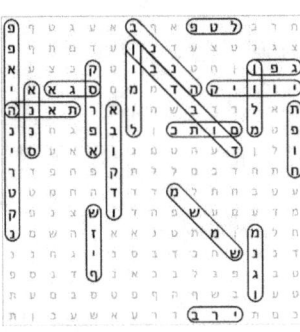

37 - Fattoria #2

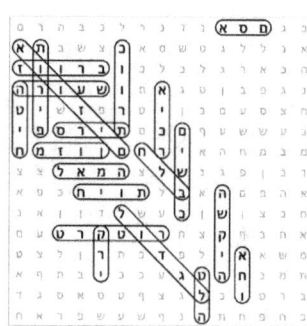

38 - Verdure

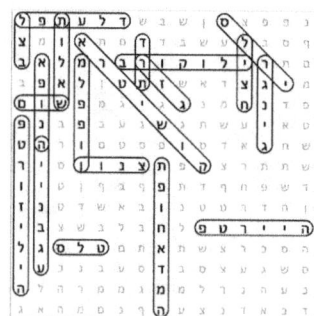

39 - Musica

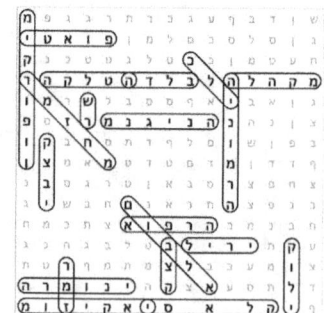

40 - Barbecue

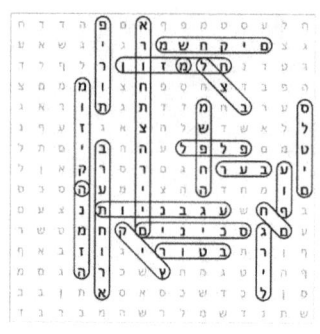

41 - Insetti

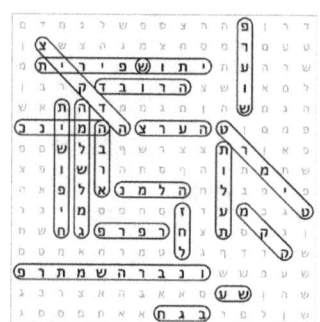

42 - Fisica

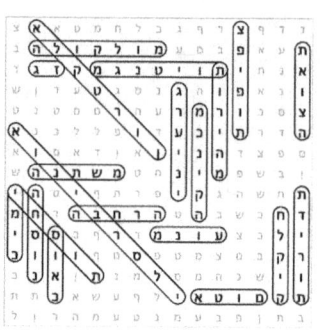

43 - Agronomia

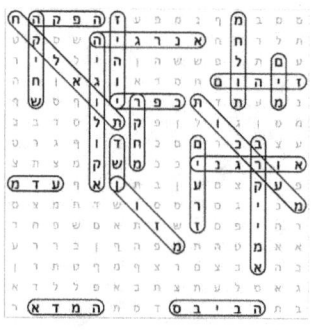

44 - Erboristeria

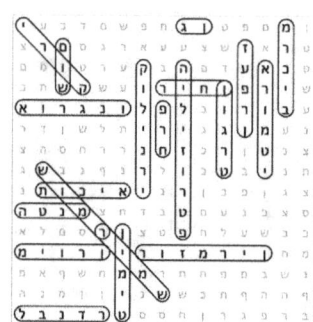

45 - Biologia

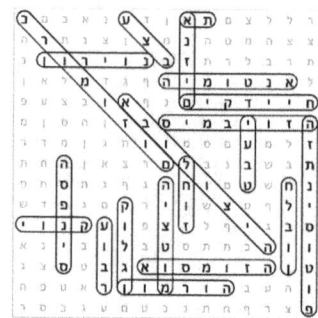

46 - Attività Commerciale

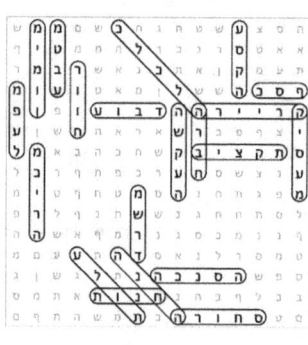

47 - Fiori

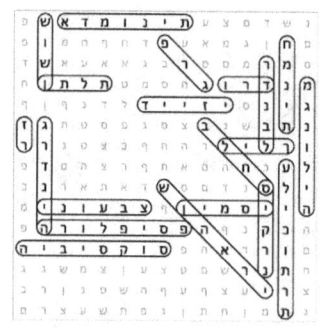

48 - Filantropia

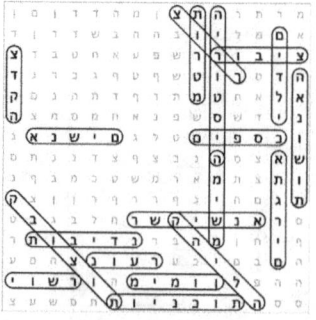

49 - Discipline Scientifiche

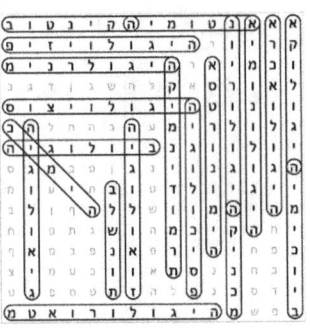

50 - Scienza

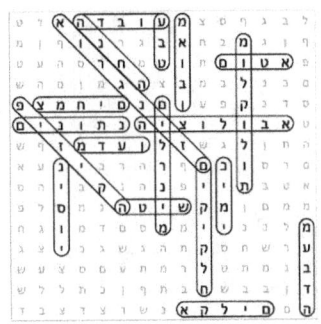

51 - Imbarcazioni

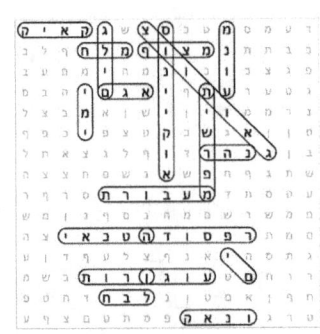

52 - Chimica

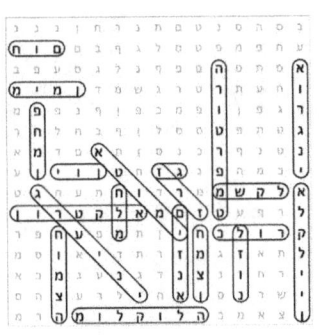

53 - Strumenti Musicali

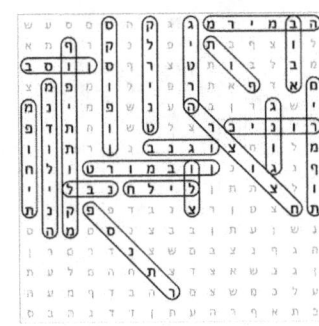

54 - Professioni #2

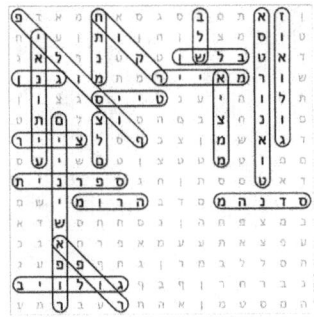

55 - Letteratura

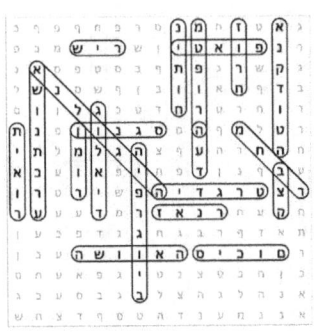

56 - Cibo #2

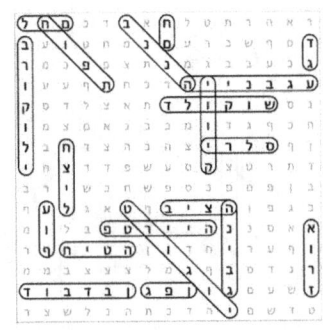

57 - Nutrizione

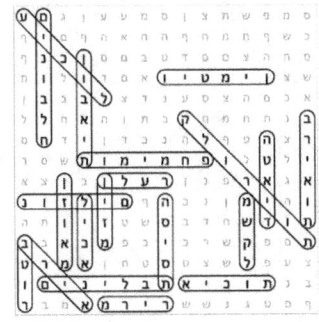

58 - Matematica

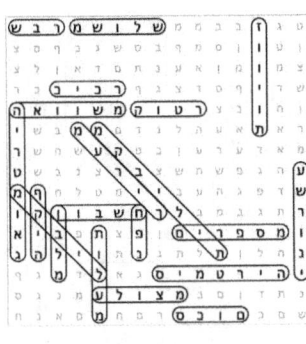

59 - Meditazione

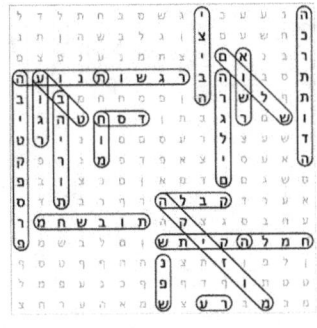

60 - Elettricità

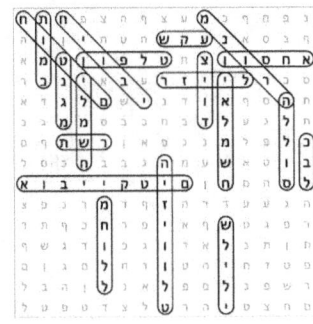

61 - Antiquariato

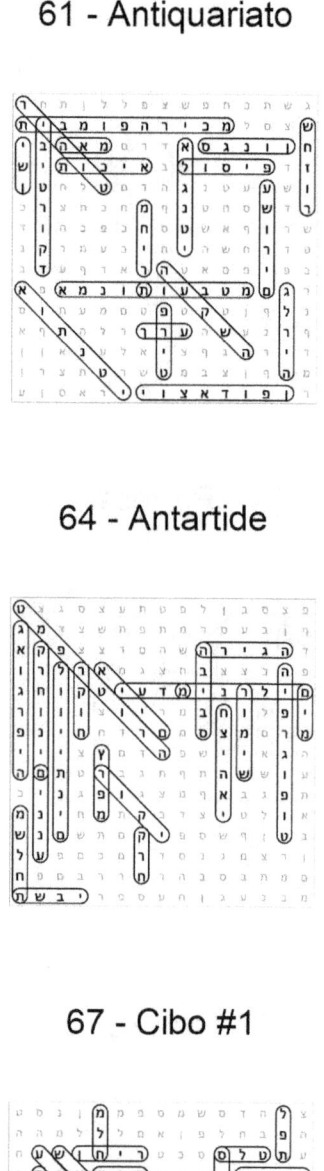

62 - Escursionismo

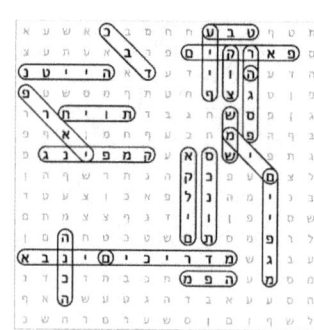

63 - Professioni #1

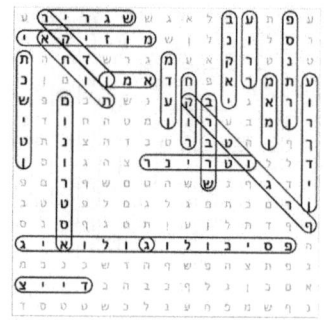

64 - Antartide

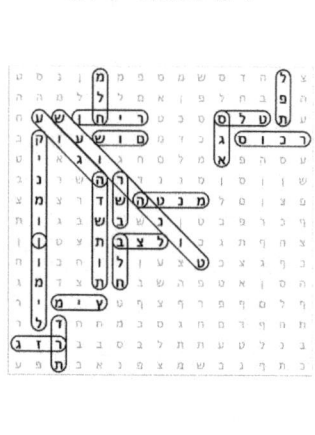

65 - Libri

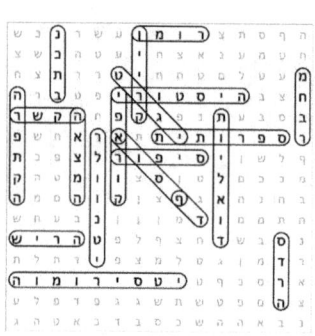

66 - Geografia

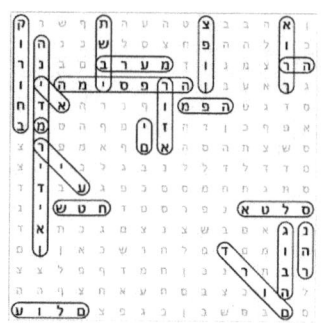

67 - Cibo #1

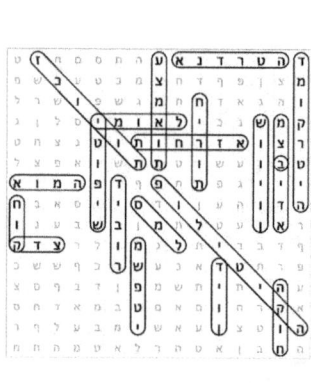

68 - Etica

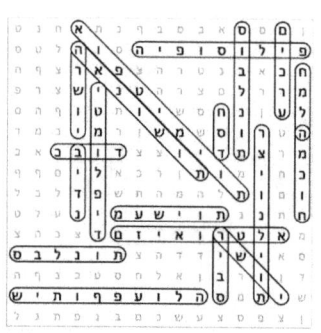

69 - Aeroplani

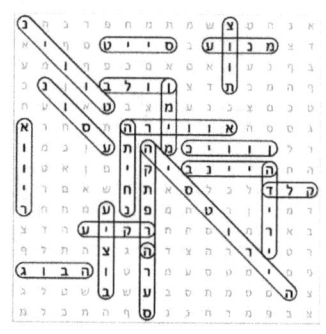

70 - Governo

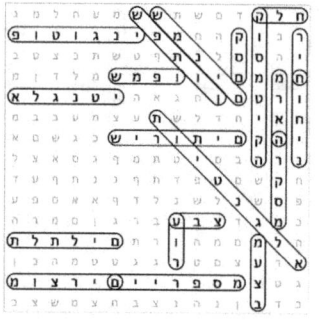

71 - Bellezza

72 - Avventura

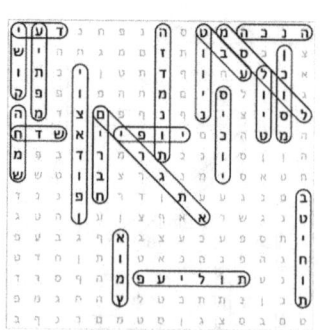

73 - Oceano

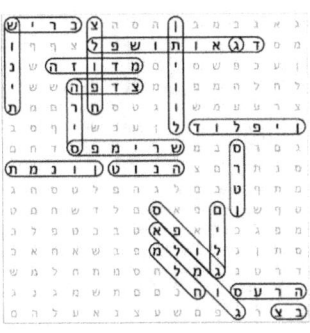

74 - Famiglia

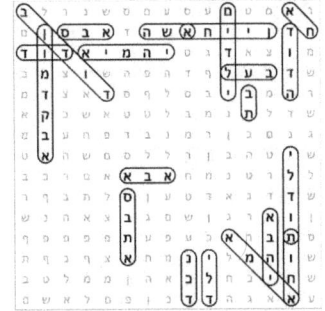

75 - Creatività

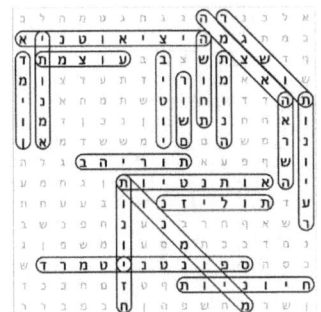

76 - Veicoli

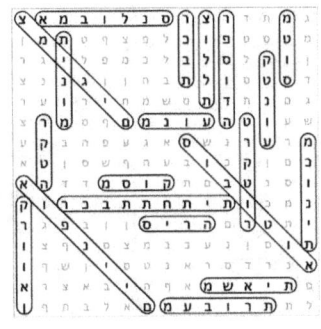

77 - Emozioni

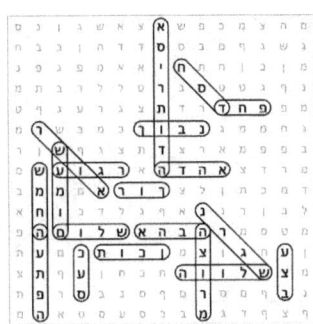

78 - Natura

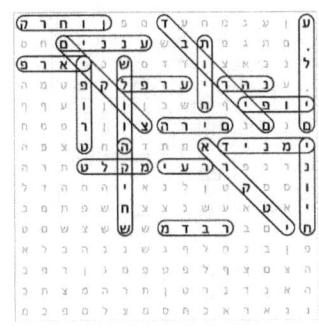

79 - Balletto

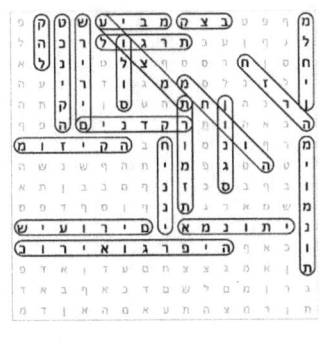

80 - Paesi #1

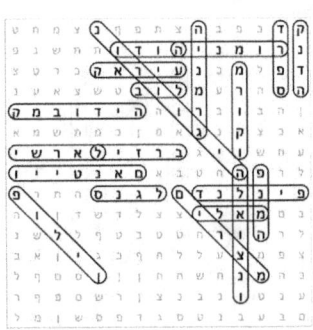

81 - Geometria

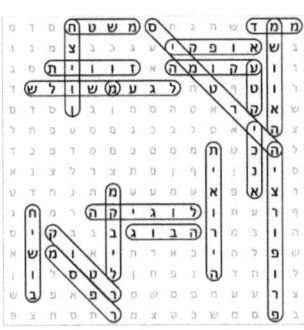

82 - Foresta Pluviale

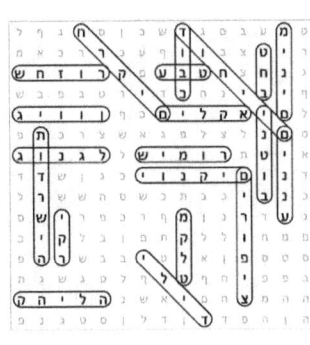

83 - Edifici

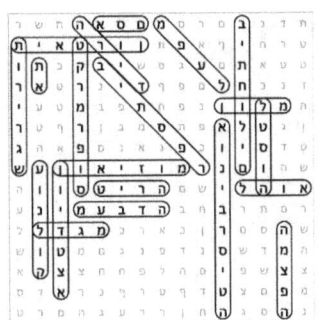

84 - Malattia

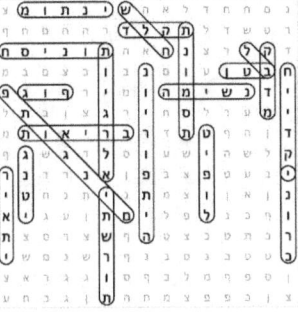

85 - Paesi #2

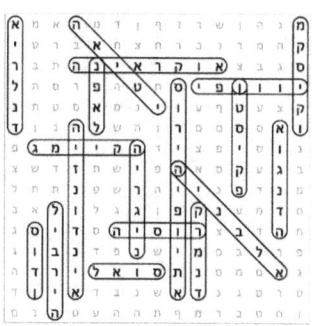

86 - Tipi di Capelli

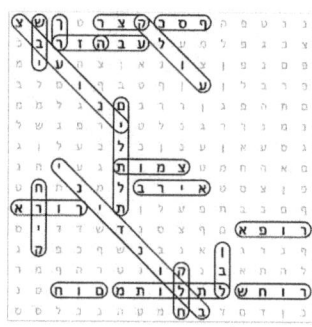

87 - Vestiti

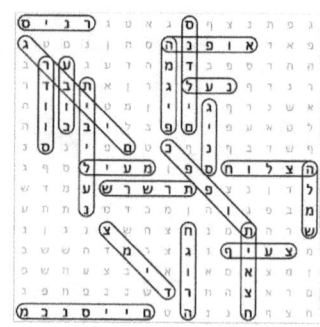

88 - Attività e Tempo Libero

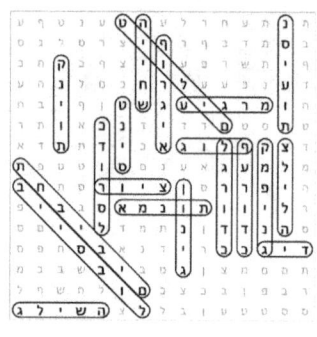

89 - Meteo

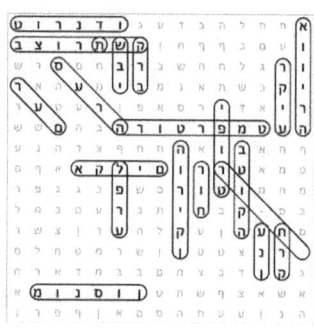

90 - Corpo Umano

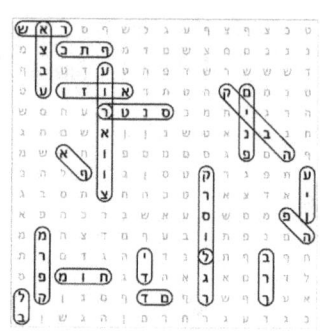

91 - Mammiferi

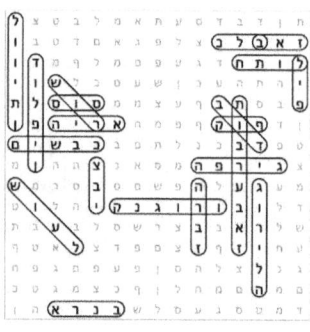

92 - Cucina

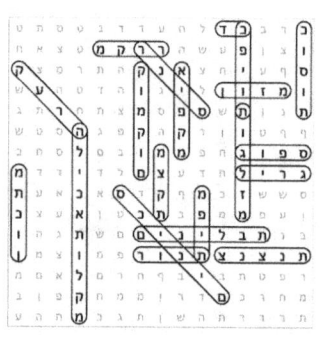

93 - Giardinaggio

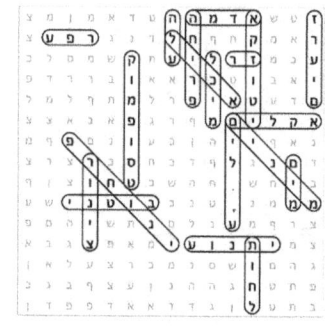

94 - Universo

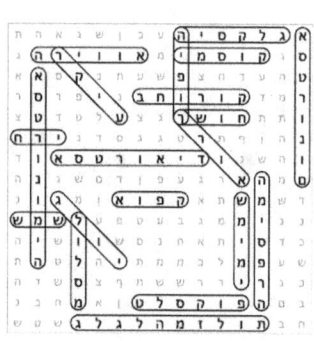

95 - Jazz

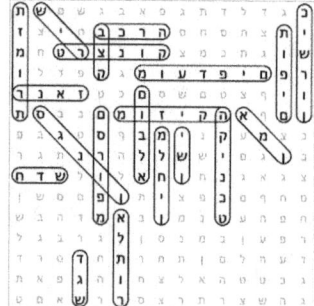

96 - Vacanze #2

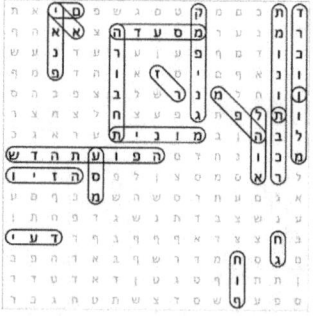

97 - Attività

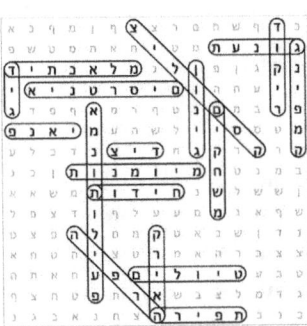

98 - Diplomazia

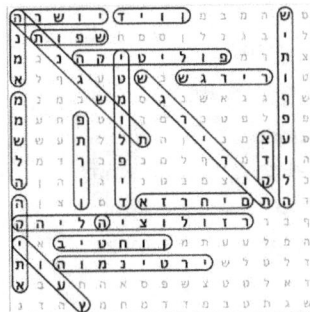

99 - Forniture Artistiche

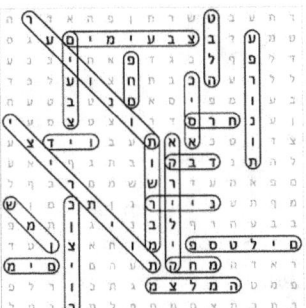

100 - Misurazioni

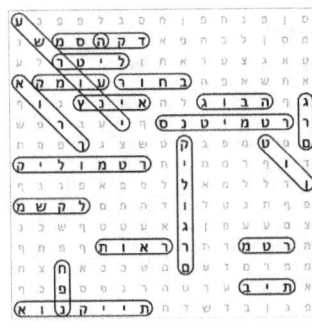

Dizionario

Aeroplani
מטוסים

Altezza	גובה
Aria	אוויר
Atmosfera	אווירה
Atterraggio	נחיתה
Avventura	הרפתקה
Carburante	דלק
Cielo	רקיע
Costruzione	בנייה
Design	עיצוב
Direzione	כיוון
Discesa	ירידה
Equipaggio	צוות
Idrogeno	מימן
Motore	מנוע
Navigare	ניווט
Palloncino	בלון
Passeggero	נוסע
Pilota	טייס
Storia	היסטוריה
Turbolenza	סערה

Aggettivi #1
שמות תואר #1

Ambizioso	שאפתנית
Aromatico	ארומטי
Artistico	אמנותי
Assoluto	מוחלט
Attivo	פעיל
Enorme	ענק
Esotico	אקזוטי
Generoso	נדיב
Giovane	צעיר
Grande	גדול
Identico	זהה
Importante	חשוב
Lento	איטי
Lungo	ארוך
Moderno	מודרני
Onesto	כנה
Perfetto	מושלם
Pesante	כבד
Prezioso	יקר
Sottile	רזה

Aggettivi #2
שמות תואר #2

Affamato	רעב
Asciutto	יבש
Autentico	אותנטי
Creativo	יצירתי
Descrittivo	תיאורי
Dolce	מתוק
Drammatico	דרמטי
Elegante	אלגנטי
Famoso	מפורסם
Forte	חזק
Interessante	מעניין
Naturale	טבעי
Normale	רגיל
Nuovo	חדש
Orgoglioso	גאה
Produttivo	פרודוקטיבי
Puro	טהור
Responsabile	אחראי
Salato	מלוח
Sano	בריא

Agronomia
אגרונומיה

Acqua	מים
Agricoltura	חקלאות
Ambiente	סביבה
Cibo	מזון
Ecologia	אקולוגיה
Energia	אנרגיה
Erosione	שחיקה
Fertilizzante	דשן
Identificazione	זיהוי
Inquinamento	זיהום
Malattie	מחלות
Organico	אורגני
Produzione	הפקה
Rurale	כפרי
Scienza	מדע
Semi	זרעים
Sistemi	מערכות
Sostenibile	בר קיימא
Studio	מחקר
Suolo	אדמה

Algebra
אלגברה

Diagramma	תרשים
Equazione	משוואה
Esponente	מעריך
Falso	שקר
Fattore	גורם
Formula	נוסחה
Frazione	שבר
Grafico	גרף
Infinito	אינסופי
Lineare	ליניארי
Matrice	מטריצה
Numero	מספר
Parentesi	סוגריים
Problema	בעיה
Semplificare	לפשט
Soluzione	פתרון
Somma	סכום
Sottrazione	חיסור
Variabile	משתנה
Zero	אפס

Antartide
אנטארקטיקה

Acqua	מים
Ambiente	סביבה
Baia	מפרץ
Balene	לווייתנים
Conservazione	שימור
Continente	יבשת
Geografia	גאוגרפיה
Ghiacciai	קרחונים
Ghiaccio	קרח
Isole	איים
Migrazione	הגירה
Minerali	מינרלים
Nuvole	עננים
Penisola	חצי האי
Ricercatore	חוקר
Roccioso	רוקי
Scientifico	מדעי
Spedizione	משלחת
Temperatura	טמפרטורה
Topografia	טופוגרפיה

Antiquariato
תוקיתע

Arte	תונמא
Articolo	טירפ
Asta	תיבמופ הריכמ
Autentico	יטנתוא
Decenni	םירושע
Decorativo	יביטרוקד
Elegante	יטנגלא
Galleria	הירלג
Insolito	ןפוד אצוי
Investimento	העקשה
Mobilio	טוהיר
Monete	תועבטמ
Prezzo	ריחמ
Qualità	תוכיא
Restauro	רוזחש
Scultura	לוסיפ
Secolo	האמ
Stile	ןונגס
Valore	ךרע
Vecchio	ןשי

Archeologia
היגולואיכרא

Analisi	חותינ
Anni	םינש
Antichità	תוקיתע
Civiltà	היצזיליביצ
Discendente	אצאצ
Era	ןדיע
Esperto	החמומ
Fossile	ןבואמ
Frammenti	םירבש
Mistero	המולעת
Oggetti	םיטקייבוא
Ossa	תומצע
Professore	רוספורפ
Reliquia	דירש
Ricercatore	רקוח
Sconosciuto	עודי אל
Squadra	תווצ
Tempio	שדקמ
Tomba	רבק
Valutazione	הכרעה

Astronomia
הימונורטסא

Asteroide	דיאורטסא
Astronauta	טואנורטסא
Astronomo	םונורטסא
Cielo	עיקר
Cosmo	סומסוק
Costellazione	םיבכוכ תצובק
Equinozio	ןויווש
Galassia	היסקלג
Luna	חרי
Meteora	רואטמ
Nebulosa	תיליפרע
Osservatorio	הפצמה
Pianeta	תכל בכוכ
Radiazione	הנירק
Razzo	הטקר
Supernova	הבונרפוס
Telescopio	פוקסלט
Terra	ץראה רודכ
Universo	םוקי
Zodiaco	תולזמה לגלג

Attività
תויוליעפ

Abilità	תונמוימ
Arte	תונמא
Artigianato	די תכאלמ
Attività	תוליעפ
Caccia	דיצ
Campeggio	גניפמק
Cucire	הריפת
Danza	דוקיר
Escursioni	םילויט
Fotografia	םוליצ
Giardinaggio	ןוניג
Giochi	םיקחשמ
Interessi	םיסרטניא
Lettura	האירק
Magia	םסק
Pesca	גיד
Piacere	גונעת
Puzzle	תודיח
Rilassamento	היפרה
Tempo Libero	יאנפ

Attività Commerciale
םיקסע

Bilancio	ביצקת
Carriera	הריירק
Costo	תולע
Datore di Lavoro	קיסעמ
Dipendente	דבוע
Economia	הלכלכ
Fabbrica	לעפמ
Finanza	ןומימ
Investimento	העקשה
Merce	הרוחס
Negozio	תונח
Profitto	חוור
Reddito	הסנכה
Sconto	החנה
Società	הרבח
Soldi	ףסכ
Transazione	הקסע
Ufficio	דרשמ
Valuta	עבטמ
Vendita	הריכמ

Attività e Tempo Libero
יאנפו תויוליעפ

Arte	תונמא
Baseball	לובסייב
Basket	לסרודכ
Boxe	ףוגרגיא
Calcio	לגרודכ
Campeggio	גניפמק
Escursioni	םילויט
Giardinaggio	ןוניג
Golf	ףלוג
Hobby	םיביבחת
Immersione	הלילצ
Nuoto	הייחש
Pallavolo	ףערודכ
Pesca	גיד
Pittura	רויצ
Rilassante	עיגרמ
Shopping	תוינק
Surf	השילג
Tennis	סינט
Viaggio	תועיסנ

Avventura
הקתפרה

Amici	םירבח
Attività	תוליעפ
Bellezza	יפוי
Caso	יוכיס
Coraggio	ץמוא
Destinazione	דעי
Difficoltà	ישוק
Escursione	לויט
Gioia	החמש
Insolito	ןפוד אצוי
Itinerario	לולסמ
Natura	עבט
Navigazione	טווינ
Nuovo	שדח
Opportunità	תונמדזה
Pericoloso	ןכוסמ
Preparazione	הנכה
Sfide	םירגתא
Sicurezza	תוחיטב
Sorprendente	עיתפמ

Balletto
טלב

Abilità	תונמוימ
Artistico	יתונמא
Assolo	ולוס
Ballerini	םינדקר
Compositore	ןיחלמ
Coreografia	היפרגואירוכ
Espressivo	עיבמ
Gesto	הווחמ
Grazioso	יניח
Intensità	עצמת
Lezioni	םירועיש
Muscoli	םירירש
Musica	הקיזומ
Orchestra	תרומזת
Pratica	לוגרת
Prova	הרזח
Pubblico	להק
Ritmo	בצק
Stile	ןונגס
Tecnica	הקינכט

Barbecue
ויקיברב

Caldo	םח
Cena	ברע תחורא
Cibo	ןוזמ
Cipolle	לצב
Coltelli	םיניכס
Estate	ץיק
Fame	בער
Famiglia	החפשמ
Frutta	תוריפ
Giochi	םיקחשמ
Griglia	לירג
Insalate	םיטלס
Invito	הנמזה
Musica	הקיזומ
Pepe	לפלפ
Pollo	ףוע
Pomodori	תוינבגע
Pranzo	םיירהצ תחורא
Sale	חלמ
Salsa	בטור

Bellezza
יפוי

Colore	עבצ
Cosmetici	הקיטמסוק
Elegante	יטנגלא
Eleganza	תויטנגלא
Fascino	םסק
Forbici	םייריפסמ
Fotogenico	ינגוטופ
Fragranza	חוחינ
Liscio	קלח
Mascara	הרקסמ
Oli	םינמש
Pelle	רוע
Prodotti	םירצומ
Profumo	חיר
Riccioli	םילתלת
Rossetto	ןותפש
Servizi	םיתוריש
Shampoo	ופמש
Specchio	הארמ
Stilista	בצעמ

Biologia
היגולויב

Anatomia	הימוטנא
Batteri	םיקדייח
Cellula	את
Collagene	ןגלוק
Cromosoma	םוזומורכ
Embrione	רבוע
Enzima	םיזנא
Evoluzione	היצולובא
Fotosintesi	הזתניסוטופ
Mammifero	קנוי
Mutazione	היצטומ
Naturale	יעבט
Nervo	בצע
Neurone	ןוריונ
Ormone	ןומרוה
Osmosi	הזומסוא
Proteina	ןובלח
Rettile	לחוז
Simbiosi	הזויבמיס
Sinapsi	הספניס

Campeggio
תואנחמ

Alberi	םיצע
Amaca	לסרע
Animali	תויח
Avventura	הקתפרה
Bussola	ןפצמ
Cabina	את
Caccia	דיצ
Canoa	ונאק
Cappello	עבוכ
Corda	לבח
Divertimento	ףיכ
Foresta	רעי
Fuoco	שא
Insetto	קרח
Lago	םגא
Luna	חרי
Mappa	הפמ
Montagna	רה
Natura	עבט
Tenda	להוא

Casa
בית

Attico	עליית גג
Biblioteca	ספריה
Camera	חדר
Camino	אח
Cucina	מטבח
Doccia	מקלחת
Finestra	חלון
Garage	מוסך
Giardino	גן
Lampada	מנורה
Parete	קיר
Pavimento	רצפה
Porta	דלת
Recinto	גדר
Rubinetto	ברז
Scopa	מטאטא
Soffitto	תקרה
Specchio	מראה
Tappeto	שטיח
Tetto	גג

Chimica
כימיה

Acido	חומצה
Alcalino	אלקליין
Atomico	אטומי
Calore	חום
Carbonio	פחמן
Catalizzatore	זרז
Cloro	כלור
Elettrone	אלקטרון
Enzima	אנזים
Gas	גז
Idrogeno	מימן
Ione	יון
Liquido	נוזל
Molecola	מולקולה
Nucleare	גרעיני
Organico	אורגני
Ossigeno	חמצן
Peso	משקל
Sale	מלח
Temperatura	טמפרטורה

Cibo #1
מזון #1

Aglio	שום
Basilico	ריחן
Cannella	קינמון
Carne	בשר
Carota	גזר
Cipolla	בצל
Fragola	תות שדה
Insalata	סלט
Latte	חלב
Limone	לימון
Menta	מנטה
Orzo	שעורה
Pera	אגס
Rapa	לפת
Sale	מלח
Spinaci	תרד
Succo	מיץ
Tonno	טונה
Torta	עוגה
Zucchero	סוכר

Cibo #2
מזון #2

Banana	בננה
Broccolo	ברוקולי
Ciliegia	דובדבן
Cioccolato	שוקולד
Formaggio	גבינה
Fungo	פטרייה
Grano	חיטה
Kiwi	קיווי
Mela	תפוח
Melanzana	חציל
Pane	לחם
Pesce	דג
Pollo	עוף
Pomodoro	עגבנייה
Prosciutto	חם
Riso	אורז
Sedano	סלרי
Uovo	ביצה
Uva	גפן
Yogurt	יוגורט

Cioccolato
שוקולד

Amaro	מריר
Antiossidante	נוגד חמצון
Arachidi	בוטנים
Brama	השתוקקות
Cacao	קקאו
Calorie	קלוריות
Caramella	ממתק
Caramello	קרמל
Delizioso	טעים
Dolce	מתוק
Esotico	אקזוטי
Gusto	טעם
Ingrediente	מרכיב
Mangiare	לאכול
Noce di Cocco	קוקוס
Polvere	אבקה
Preferito	אהוב
Qualità	איכות
Ricetta	מתכון
Zucchero	סוכר

Città
עיר

Aeroporto	שדה תעופה
Banca	בנק
Biblioteca	ספריה
Cinema	קולנוע
Clinica	מרפאה
Farmacia	בית מרקחת
Fiorista	פרחים
Galleria	גלריה
Hotel	מלון
Libreria	חנות ספרים
Mercato	שוק
Museo	מוזיאון
Negozio	חנות
Panetteria	מאפייה
Scuola	בית ספר
Stadio	אצטדיון
Supermercato	סופרמרקט
Teatro	תיאטרון
Università	אוניברסיטה
Zoo	גן חיות

Corpo Umano
גוף האדם

Bocca	פה
Caviglia	קרסול
Cervello	מוח
Collo	צואר
Cuore	לב
Dito	אצבע
Faccia	פנים
Gamba	רגל
Ginocchio	ברך
Gomito	מרפק
Mano	יד
Mento	סנטר
Naso	אף
Occhio	עין
Orecchio	אוזן
Pelle	עור
Sangue	דם
Spalla	כתף
Stomaco	קיבה
Testa	ראש

Creatività
יצירתיות

Abilità	מיומנות
Artistico	אמנותי
Autenticità	אותנטיות
Chiarezza	בהירות
Drammatico	דרמטי
Emozioni	רגשות
Espressione	ביטוי
Fluidità	נזילות
Idee	רעיונות
Immaginazione	דמיון
Immagine	תמונה
Impressione	רושם
Intensità	עוצמה
Intuizione	אינטואיציה
Inventivo	המצאה
Ispirazione	השראה
Sensazione	תחושה
Spontaneo	ספונטני
Visioni	חזיונות
Vitalità	חיוניות

Cucina
מטבח

Bacchette	מקלות אכילה
Bollitore	קומקום
Brocca	כד
Cibo	מזון
Ciotola	קערה
Coltelli	סכינים
Congelatore	מקפיא
Cucchiai	כפיות
Forchette	מזלגות
Forno	תנור
Frigorifero	מקרר
Grembiule	סינר
Griglia	גריל
Mestolo	מצקת
Ricetta	מתכון
Spezie	תבלינים
Spugna	ספוג
Tazze	כוסות
Tovagliolo	מפית
Vaso	צנצנת

Diplomazia
דיפלומטיה

Ambasciata	שגרירות
Ambasciatore	שגריר
Cittadini	אזרחים
Comunità	קהילה
Conflitto	התנגשות
Consigliere	יועץ
Cooperazione	שיתוף פעולה
Diplomatico	דיפלומטי
Discussione	דיון
Etica	אתיקה
Giustizia	צדק
Governo	ממשלה
Integrità	יושרה
Lingue	שפות
Politica	פוליטיקה
Risoluzione	רזולוציה
Sicurezza	ביטחון
Soluzione	פתרון
Trattato	אמנה
Umanitario	הומניטרי

Discipline Scientifiche
דיסציפלינות מדעיות

Anatomia	אנטומיה
Archeologia	ארכאולוגיה
Astronomia	אסטרונומיה
Biochimica	ביוכימיה
Biologia	ביולוגיה
Botanica	בוטניקה
Chimica	כימיה
Ecologia	אקולוגיה
Fisiologia	פיזיולוגיה
Geologia	גיאולוגיה
Immunologia	אימונולוגיה
Linguistica	בלשנות
Meccanica	מכניקה
Meteorologia	מטאורולוגיה
Mineralogia	מינרלוגיה
Neurologia	נוירולוגיה
Psicologia	פסיכולוגיה
Sociologia	סוציולוגיה
Termodinamica	תרמודינמיקה
Zoologia	זואולוגיה

Edifici
בניינים

Ambasciata	שגרירות
Appartamento	דירה
Cabina	תא
Castello	טירה
Cinema	קולנוע
Fabbrica	מפעל
Fienile	אסם
Hotel	מלון
Laboratorio	מעבדה
Museo	מוזיאון
Ospedale	בית חולים
Osservatorio	מצפה
Ostello	הוסטל
Scuola	בית ספר
Stadio	אצטדיון
Supermercato	סופרמרקט
Teatro	תיאטרון
Tenda	אוהל
Torre	מגדל
Università	אוניברסיטה

Elettricità
למשח

Attrezzatura	ציוד
Batteria	סוללה
Cavo	כבל
Conservazione	אחסון
Elettricista	חשמלאי
Elettrico	חשמלי
Fili	חוטים
Generatore	מחולל
Lampada	מנורה
Laser	לייזר
Magnete	מגנט
Negativo	שלילי
Oggetti	אובייקטים
Positivo	חיובי
Presa	שקע
Quantità	כמות
Rete	רשת
Telefono	טלפון
Televisione	טלוויזיה

Emozioni
רגשות

Amore	אהבה
Beatitudine	אושר
Calma	רוגע
Contenuto	תוכן
Eccitato	נרגש
Gentilezza	חסד
Gioia	שמחה
Grato	אסיר תודה
Imbarazzato	נבוך
Noia	שעמום
Pace	שלום
Paura	פחד
Rabbia	כעס
Simpatia	אהדה
Soddisfatto	מרוצה
Sorpresa	הפתעה
Tenerezza	רוך
Tranquillità	שלווה
Tristezza	עצב

Energia
אנרגיה

Ambiente	סביבה
Batteria	סוללה
Benzina	בנזין
Calore	חום
Carbonio	פחמן
Carburante	דלק
Diesel	דיזל
Elettrico	חשמלי
Elettrone	אלקטרון
Entropia	אנטרופיה
Fotone	פוטון
Idrogeno	מימן
Industria	תעשייה
Inquinamento	זיהום
Motore	מנוע
Nucleare	גרעיני
Rinnovabile	מתחדש
Turbina	טורבינה
Vapore	קיטור
Vento	רוח

Erboristeria
צמחי מרפא

Aglio	שום
Aneto	שמיר
Aromatico	ארומטי
Basilico	ריחן
Culinario	קולינרי
Dragoncello	טרגון
Finocchio	שומר
Fiore	פרח
Giardino	גן
Ingrediente	מרכיב
Lavanda	לבנדר
Maggiorana	מיורן
Menta	מנטה
Origano	אורגנו
Prezzemolo	פטרוזיליה
Qualità	איכות
Rosmarino	רוזמרין
Timo	טימין
Verde	ירוק
Zafferano	זעפרן

Escursionismo
טיולים רגליים

Acqua	מים
Animali	חיות
Campeggio	קמפינג
Clima	אקלים
Guide	מדריכים
Mappa	מפה
Montagna	הר
Natura	טבע
Orientamento	ניווט
Parchi	פארקים
Pericoli	סכנות
Pesante	כבד
Pietre	אבנים
Preparazione	הכנה
Scogliera	צוק
Selvaggio	פראי
Sole	שמש
Stanco	עייף
Stivali	מגפיים
Vertice	פסגה

Etica
אתיקה

Altruismo	אלטרואיזם
Benevolo	נדיב
Compassione	חמלה
Cooperazione	שיתוף פעולה
Dignità	כבוד
Diplomatico	דיפלומטי
Filosofia	פילוסופיה
Gentilezza	חסד
Integrità	יושרה
Onestà	יושר
Ottimismo	אופטימיות
Pazienza	סבלנות
Ragionevole	סביר
Razionalità	רציונליות
Realismo	מעשיות
Saggezza	חוכמה
Tolleranza	סובלנות
Umanità	אנושות
Valori	ערכים

Famiglia
יתחפשמ רדח

Antenato	בא קדמון
Bambini	ילדים
Bambino	ילד
Cugino	בן דוד
Figlia	בת
Fratello	אח
Infanzia	ילדות
Madre	אימא
Marito	בעל
Materno	אימהי
Moglie	אשה
Nipote	אחיין
Nipote	נכד
Nonna	סבתא
Nonno	סבא
Padre	אבא
Paterno	אבהי
Sorella	אחות
Zia	דודה
Zio	דוד

Fantascienza
ינוידב עדמ

Atomico	אטומי
Cinema	קולנוע
Distopia	דיסטופיה
Esplosione	פיצוץ
Estremo	קיצוני
Fantastico	פנטסטי
Fuoco	אש
Futuristico	עתידני
Galassia	גלקסיה
Illusione	אשליה
Immaginario	דמיוני
Libri	ספרים
Misterioso	מסתורי
Mondo	עולם
Oracolo	אורקל
Pianeta	כוכב לכת
Robot	רובוטים
Scenario	תרחיש
Tecnologia	טכנולוגיה
Utopia	אוטופיה

Fattoria #1
קשמ #1

Acqua	מים
Agricoltura	חקלאות
Ape	דבורה
Asino	חמור
Campo	שדה
Cane	כלב
Capra	עז
Cavallo	סוס
Fertilizzante	דשן
Fieno	חציר
Gatto	חתול
Gregge	צאן
Maiale	חזיר
Miele	דבש
Mucca	פרה
Pollo	עוף
Recinto	גדר
Riso	אורז
Semi	זרעים
Vitello	עגל

Fattoria #2
קשמ #2

Agnello	טלה
Agricoltore	איכר
Alveare	כוורת
Anatra	ברווז
Animali	חיות
Cibo	מזון
Crescere	לגדול
Fienile	אסם
Frutta	פירות
Grano	חיטה
Irrigazione	השקיה
Lama	לאמה
Latte	חלב
Mais	תירס
Oche	אווזים
Orzo	שעורה
Pecora	כבשים
Prato	אחו
Trattore	טרקטור
Verdura	ירק

Filantropia
היפורתנליפ

Bambini	ילדים
Bisogno	צורך
Carità	צדקה
Comunità	קהילה
Contatti	אנשי קשר
Finanza	מימון
Fondi	כספים
Generosità	נדיבות
Gioventù	נוער
Gruppi	קבוצות
Missione	משימה
Obiettivi	מטרות
Onestà	יושר
Persone	אנשים
Programmi	תוכניות
Pubblico	ציבור
Sfide	אתגרים
Storia	היסטוריה
Umanità	האנושות

Fiori
םיחרפ

Dente di Leone	שן הארי
Gardenia	גרדניה
Gelsomino	יסמין
Giglio	שושן
Girasole	חמנית
Ibisco	היביסקוס
Lavanda	לבנדר
Lilla	ליל
Magnolia	מגנוליה
Margherita	חיננית
Mazzo	זר
Narciso	נרקיס
Orchidea	סחלב
Papavero	פרג
Passiflora	ספיליפורה
Peonia	אדמונית
Petalo	עלי כותרת
Rosa	ורד
Trifoglio	תלתן
Tulipano	צבעוני

Fisica
הקיזיפ

Accelerazione	הצואת
Atomo	םוטא
Caos	סואכ
Chimico	ימיכ
Densità	תופיפצ
Elettrone	ןורטקלא
Espansione	הבחרה
Formula	החסונ
Frequenza	תורידת
Gas	זג
Magnetismo	תויטנגמ
Meccanica	הקינכמ
Molecola	הלוקלומ
Motore	עונמ
Nucleare	יניערג
Particella	קיקלח
Relatività	תוסחי
Universale	ילסרבינוא
Variabile	הנתשמ
Velocità	תוריהמ

Foresta Pluviale
םשג תורעי

Anfibi	םייח-וד
Botanico	ינטוב
Clima	םילקא
Comunità	הליהק
Diversità	ןווג
Giungla	לגנו'ג
Indigeno	דילי
Insetti	םיקרח
Mammiferi	םיקנוי
Muschio	בחט
Natura	עבט
Nuvole	םיננע
Preservazione	רומיש
Prezioso	רקי
Restauro	רוזחש
Rifugio	טלקמ
Rispetto	דובכ
Sopravvivenza	תודרשיה
Specie	םינימ
Uccelli	םירופיצ

Forniture Artistiche
תונמא דויצ

Acqua	םימ
Acquerelli	םימ יעבצ
Acrilico	קילירקא
Argilla	רסח
Carbone	םחפ
Carta	רייינ
Cavalletto	רויצ ןכ
Colla	קבד
Colori	םיעבצ
Creatività	תויתריצי
Gomma	קחמ
Idee	תונויער
Inchiostro	ויד
Matite	תונורפע
Olio	ןמש
Pastelli	םילטספ
Sedia	אסיכ
Spazzole	תושרבמ
Tavolo	הלבט
Telecamera	המלצמ

Forza e Gravità
הדיבכה חוכו חוכ

Asse	ריצ
Attrito	ךוכיח
Centro	זכרמ
Dinamico	ימניד
Distanza	קחרמ
Espansione	הבחרה
Fisica	הקיזיפ
Impatto	העפשה
Magnetismo	תויטנגמ
Meccanica	הקינכמ
Movimento	העונת
Orbita	לולסמ
Peso	לקשמ
Pianeti	תכל יבכוכ
Pressione	ץחל
Proprietà	םיסכנ
Scoperta	יוליג
Tempo	ןמז
Universale	ילסרבינוא
Velocità	תוריהמ

Frutta
תוריפ

Albicocca	שמשמ
Ananas	סננא
Arancia	םותכ
Avocado	ודקובא
Bacca	ירב
Banana	הננב
Ciliegia	ןבדבוד
Fico	הנאת
Kiwi	יוויק
Lampone	לטפ
Limone	ןומיל
Mango	וגנמ
Mela	חופת
Melone	ןולמ
Nettarina	הנירטקנ
Papaia	היאפפ
Pera	סגא
Pesca	קסרפא
Prugna	ףיזש
Uva	ןפג

Geografia
היפרגואג

Altitudine	הבוג
Atlante	סלטא
Città	ריע
Continente	תשבי
Emisfero	הרפסימה
Fiume	רהנ
Isola	יא
Latitudine	בחור וק
Longitudine	ךרוא
Mappa	הפמ
Mare	םי
Meridiano	ןאידירמ
Mondo	םלוע
Montagna	רה
Nord	ןופצ
Ovest	ברעמ
Paese	הנידמ
Regione	רוזא
Sud	םורד
Territorio	חטש

Geologia

היגולואיג

Acido	הצמוח
Altopiano	המר
Calcio	ןדיס
Caverna	הרעמ
Continente	תשבי
Corallo	גומלא
Cristalli	םישיבג
Erosione	הקיחש
Fossile	ןבואמ
Geyser	רזייג
Lava	הבל
Minerali	םילרנימ
Pietra	ןבא
Quarzo	ץרווק
Sale	חלמ
Stalattite	ףיטנ
Strato	הבכש
Terremoto	המדא תדיער
Vulcano	שעג רה
Zona	רוזא

Geometria

הירטמואג

Altezza	הבוג
Angolo	תיווז
Calcolo	בושיח
Cerchio	לגעמ
Curva	המוקע
Diametro	רטוק
Dimensione	דממ
Equazione	האוושמ
Logica	הקיגול
Mediano	ןויצח
Numero	רפסמ
Orizzontale	יקפוא
Parallelo	ליבקמ
Proporzione	היצרופורפ
Segmento	עטק
Simmetria	הירטמיס
Superficie	חטשמ
Teoria	הירואית
Triangolo	שלושמ
Verticale	יכנא

Giardinaggio

ןוניג

Acqua	םימ
Botanico	ינטוב
Clima	םילקא
Commestibile	ליכא
Compost	טסופמוק
Contenitore	לכימ
Esotico	יטוזקא
Fiorire	החירפ
Floreale	ינוחרפ
Foglia	הלע
Fogliame	םי.ל.ע
Mazzo	רז
Semi	םיערז
Specie	םינימ
Sporco	רפע
Stagionale	יתנוע
Suolo	המדא
Tubo	רוניצ
Umidità	תוחל

Giardino

ןג

Albero	ץע
Amaca	לסרע
Cespuglio	חיש
Erba	אשד
Erbacce	םיטוש םיבשע
Fiore	חרפ
Garage	ךסומ
Giardino	ןג
Pala	הריפח תא
Panca	לספס
Portico	תספרמה
Rastrello	הפרגמ
Recinto	רדג
Rocce	םיעלס
Stagno	הכירב
Suolo	המדא
Terrazza	הסרט
Trampolino	הנילופמרט
Tubo	רוניצ
Vite	ןפג

Giorni e Mesi

םישדוחו םימי

Agosto	טסוגוא
Anno	הנש
Aprile	לירפא
Calendario	הנש חול
Dicembre	רבמצד
Domenica	ןושאר םוי
Febbraio	ראורבפ
Gennaio	ראוני
Giugno	ינוי
Luglio	ילוי
Lunedì	ינש םוי
Martedì	ישילש םוי
Mercoledì	יעיבר םוי
Mese	שדוח
Novembre	רבמבונ
Ottobre	רבוטקוא
Sabato	תבש םוי
Settembre	רבמטפס
Settimana	עובש
Venerdì	ישיש םוי

Governo

הלשממה

Cittadinanza	תוחרזא
Civile	בידא
Costituzione	הקוח
Democrazia	היטרקומד
Diritti	תויוכז
Discorso	רוביד
Discussione	ןויד
Giudiziario	יטופיש
Giustizia	קדצ
Indipendenza	תואמצע
Legale	יטפשמ
Legge	קוח
Libertà	תוריח
Monumento	הטרדנא
Nazionale	ימואל
Nazione	המוא
Politica	הקיטילופ
Simbolo	למס
Stato	בצמ
Uguaglianza	ןויווש

Guida
נהיגה

Attenzione	זהירות
Auto	מכונית
Autobus	אוטובוס
Carburante	דלק
Freni	בלמים
Garage	מוסך
Gas	גז
Incidente	תאונה
Licenza	רישיון
Mappa	מפה
Moto	אופנוע
Motore	מנוע
Pedonale	הולכי רגל
Pericolo	סכנה
Polizia	משטרה
Sicurezza	בטיחות
Traffico	תנועה
Trasporto	תחבורה
Tunnel	מנהרה
Velocità	מהירות

I Media
התקשורת

Atteggiamenti	עמדות
Commerciale	מסחרי
Comunicazione	תקשורת
Digitale	דיגיטלי
Edizione	מהדורה
Educazione	חינוך
Fatti	עובדות
Finanziamento	מימון
Foto	תמונות
Giornali	עיתונים
Industria	תעשייה
Intellettuale	אינטלקטואלי
Locale	מקומי
Online	מקוון
Opinione	דעה
Pubblicità	פרסומות
Pubblico	ציבור
Radio	רדיו
Rete	רשת
Televisione	טלוויזיה

Imbarcazioni
סירות

Albero	תורן
Ancora	עוגן
Barca a Vela	מפרשית
Boa	מצוף
Canoa	קאנו
Corda	חבל
Equipaggio	צוות
Fiume	נהר
Kayak	קיאק
Lago	אגם
Mare	ים
Marea	גאות
Marinaio	מלח
Motore	מנוע
Nautico	ימי
Oceano	אוקיינוס
Onde	גלים
Traghetto	מעבורת
Yacht	יאכטה
Zattera	רפסודה

Ingegneria
הנדסה

Angolo	זווית
Asse	ציר
Calcolo	חישוב
Costruzione	בנייה
Diagramma	תרשים
Diametro	קוטר
Diesel	דיזל
Distribuzione	הפצה
Energia	אנרגיה
Forza	כוח
Ingranaggi	הילוכים
Liquido	נוזל
Macchina	מכונה
Misurazione	מדידה
Motore	מנוע
Profondità	עומק
Propulsione	הנעה
Rotazione	סיבוב
Stabilità	יציבות
Struttura	מבנה

Insetti
חרקים

Afide	כנימה
Ape	דבורה
Cavalletta	חגב
Cicala	ציקדה
Coccinella	פרת משה רבנו
Coleottero	חיפושית
Falena	עש
Farfalla	פרפר
Formica	נמלה
Larva	זחל
Libellula	שפירית
Locusta	ארבה
Mantide	גמל שלמה
Pulce	פרעוש
Scarafaggio	מקק
Termite	טרמיט
Verme	תולעת
Vespa	צרעה
Zanzara	יתוש

Jazz
ג ' אז

Album	אלבום
Artista	אמן
Batteria	תופים
Canzone	שיר
Compositore	מלחין
Composizione	הרכב
Concerto	קונצרט
Enfasi	דגש
Famoso	מפורסם
Genere	ז'אנר
Improvvisazione	אלתור
Musica	מוזיקה
Nuovo	חדש
Orchestra	תזמורת
Preferiti	מועדפים
Ritmo	קצב
Stile	סגנון
Talento	כישרון
Tecnica	טכניקה
Vecchio	ישן

Letteratura

תורפס

Analisi	חותינ
Analogia	היגולנא
Aneddoto	הטודקנא
Autore	רבחמ
Biografia	היפרגויב
Conclusione	םוכיס
Confronto	האוושה
Descrizione	רואית
Dialogo	גולאיד
Genere	רנא'ז
Metafora	הרופטמ
Opinione	העד
Poesia	ריש
Poetico	יטאופ
Rima	זורח
Ritmo	בצק
Romanzo	ןמור
Stile	ןונגס
Tema	אשונ תכרע
Tragedia	הידגרט

Libri

םירפס

Autore	רבחמ
Avventura	הקתפרה
Collezione	ףסוא
Contesto	רשקה
Dualità	תוילאוד
Epico	יפא
Inventivo	האצמה
Letterario	תיתורפס
Lettore	ארוק
Narratore	ןיירק
Pagina	ףד
Poesia	הריש
Rilevante	יטנוולר
Romanzo	ןמור
Scritto	בתכנ
Serie	הרדס
Storia	רופיס
Storico	ירוטסיה
Tragico	יגרט
Umoristico	יטסירומוה

Malattia

תולחמ

Addominale	ןטב
Allergie	תויגרלא
Batterico	יקדייח
Contagioso	קבדמ
Corpo	ףוג
Cronico	ינורכ
Cuore	בל
Debole	שלח
Ereditario	יתשרות
Genetico	יטנג
Immunità	תוניסח
Infiammazione	תקלד
Lombare	ינתומ
Neuropatia	היתפוריונ
Patogeni	םינגותפ
Polmonare	יתאיר
Respiratorio	המישנ
Salute	תואירב
Sindrome	תנומסת
Terapia	לופיט

Mammiferi

םיקנוי

Balena	ןתיוול
Cane	בלכ
Canguro	ורוגנק
Cavallo	סוס
Cervo	יבצ
Coniglio	בנרא
Coyote	תוברע באז
Delfino	ןיפלוד
Elefante	ליפ
Gatto	לותח
Giraffa	הפרי'ג
Gorilla	הלירוג
Leone	היראה
Lupo	באז
Orso	בוד
Pecora	םישבכ
Scimmia	ףוק
Toro	רוש
Volpe	לעוש
Zebra	הרבז

Matematica

הקיטמתמ

Angoli	תויווז
Aritmetica	ןובשח
Decimale	ינורשע
Diametro	רטוק
Equazione	האוושמ
Esponente	ךירעמ
Frazione	רבש
Geometria	הירטמואג
Gradi	תולעמ
Numeri	םירפסמ
Parallelo	ליבקמ
Parallelogramma	תיליבקמ
Perimetro	ףקיה
Poligono	עלוצמ
Quadrato	רכיכ
Rettangolo	ןבלמ
Simmetria	הירטמיס
Somma	םוכס
Triangolo	שלושמ
Volume	חפנ

Meditazione

היצטידמ

Abitudini	םילגרה
Accettazione	הלבק
Calma	עוגר
Chiarezza	תוריהב
Compassione	הלמח
Emozioni	תושגר
Felicità	רשוא
Gentilezza	דסח
Gratitudine	הדות תרכה
Mentale	שפנ
Mente	חומ
Movimento	העונת
Musica	הקיזומ
Natura	עבט
Pace	םולש
Pensieri	תובשחמ
Postura	הביצי
Prospettiva	הביטקפסרפ
Silenzio	הקיתש
Sveglio	רע

Meteo
ריווא גזמ

Arcobaleno	תשק
Asciutto	שבי
Atmosfera	הריווא
Brezza	ח·ור
Cielo	עיקר
Clima	םילקא
Fulmine	קרב
Ghiaccio	חרק
Monsone	ןוסנומ
Nebbia	לפרע
Nube	ןנע
Polare	בטוקה
Siccità	תרוצב
Temperatura	הרוטרפמט
Tempesta	הרעס
Tornado	ודנרוט
Tropicale	יפורט
Tuono	םער
Uragano	ןקירוה
Vento	חור

Misurazioni
תודידמ

Altezza	הבוג
Byte	תיב
Centimetro	רטמיטנס
Chilogrammo	םרגוליק
Chilometro	רטמוליק
Decimale	ינורשע
Grado	ראות
Grammo	םרג
Larghezza	בחור
Litro	רטיל
Lunghezza	ךרוא
Massa	הסמ
Metro	רטמ
Minuto	הקד
Oncia	תייקנוא
Peso	לקשמ
Pollice	ץניא
Profondità	קמוע
Tonnellata	ןוט
Volume	חפנ

Mitologia
היגולותימ

Archetipo	סופיטבא
Comportamento	תוגהנתה
Creatura	רוצי
Creazione	הריצי
Cultura	תוברת
Disastro	ןוסא
Divinità	םילא
Eroe	רוביג
Forza	חוכ
Fulmine	קרב
Gelosia	האנק
Guerriero	םחול
Immortalità	ח.צ.נ
Labirinto	ךובמ
Leggenda	הדגא
Magico	םוסק
Mortale	התומת ןב
Mostro	תצלפמ
Tuono	םער
Vendetta	המקנ

Moda
הנפוא

Boutique	קיטוב
Caro	רקי
Confortevole	חונ
Elegante	יטנגלא
Minimalista	יטסילמינימ
Misure	תודימ
Modello	תינבת
Moderno	ינרדומ
Modesto	עונצ
Originale	ירוקמ
Pizzo	הרחת
Pratico	ישעמ
Pulsanti	םינצחל
Ricamo	המקר
Semplice	טושפ
Sofisticato	םכחותמ
Stile	ןונגס
Tendenza	המגמ
Tessuto	דב
Trama	םקרמ

Musica
הקיסומ

Album	םובלא
Armonia	הינומרה
Armonico	ינומרה
Ballata	הדלב
Cantante	רמז
Cantare	רש
Classico	י.סא.לק
Coro	הלהקמ
Lirico	יריל
Melodia	הניגנמ
Microfono	ןופורקימ
Musicale	רמזחמ
Musicista	יאקיזומ
Opera	הרפוא
Poetico	יטאופ
Registrazione	הטלקה
Ritmico	יבצק
Ritmo	בצק
Strumento	ילכ
Vocale	ילוק

Natura
עבט

Animali	תויח
Api	םירובד
Artico	יטקרא
Bellezza	יפוי
Deserto	רבדמ
Dinamico	ימניד
Erosione	הקיחש
Fiume	רהנ
Fogliame	םי.ל.ע
Foresta	רעי
Ghiacciaio	ןוחרק
Montagne	םירה
Nebbia	לפרע
Nuvole	םיננע
Santuario	טלקמ
Scogliere	םיקוצ
Selvaggio	יארפ
Sereno	הוולש
Tropicale	יפורט
Vitale	ינויח

Numeri
םירפסמ

Cinque	שמח
Decimale	ינורשע
Diciannove	הרשע עשת
Diciassette	הרשע עבש
Diciotto	רשע הנומש
Dieci	רשע
Dodici	רשע םינש
Due	םייתש
Nove	עשת
Otto	הנומש
Quattordici	רשע העברא
Quattro	עברא
Quindici	רשע השימח
Sedici	רשע שש
Sei	שש
Sette	עבש
Tre	שולש
Tredici	רשע שולש
Venti	םירשע
Zero	ספא

Nutrizione
הנוזת

Amaro	רירמ
Appetito	ןובאית
Bilanciato	ןזואמ
Calorie	תוירולק
Carboidrati	תומימחפ
Commestibile	ליכא
Dieta	הטאיד
Digestione	לוכיע
Fermentazione	הסיסת
Liquidi	םילזונ
Nutriente	ןיזמ
Peso	לקשמ
Proteine	םינובלח
Qualità	תוכיא
Salsa	בטור
Salute	תואירב
Sano	אירב
Spezie	םינילבת
Tossina	ןלער
Vitamina	ןימטיו

Oceano
סונייקוא

Anguilla	חופלצ
Balena	ןתיוול
Barca	הריס
Corallo	גומלא
Delfino	ןיפלוד
Gamberetto	ספמירש
Granchio	ןטרס
Maree	לפשו תואג
Medusa	הזודמ
Onde	םילג
Ostrica	הפדצ
Pesce	גד
Polpo	ןונמת
Sale	חלמ
Scogliera	תינונש
Spugna	גופס
Squalo	שירכ
Tartaruga	בצ
Tempesta	הרעס
Tonno	הנוט

Paesaggi
םיפונ

Cascata	לפמ
Collina	העבג
Deserto	רבדמ
Dune	תונויד
Fiume	רהנ
Geyser	רזייג
Ghiacciaio	ןוחרק
Grotta	הרעמ
Isola	יא
Lago	םגא
Mare	םי
Montagna	רה
Oasi	סיזאוא
Oceano	סונייקוא
Palude	הציב
Penisola	יא יצח
Spiaggia	ףוח
Tundra	הרדנוט
Valle	קמע
Vulcano	שעג רה

Paesi #1
תונידמ #1

Brasile	ליזרב
Cambogia	הידובמק
Canada	הדנק
Egitto	םירצמ
Finlandia	דנלניפ
Germania	הינמרג
India	ודוה
Iraq	קאריע
Israele	לארשי
Libia	בול
Mali	ילאמ
Marocco	וקורמ
Norvegia	היגוורונ
Panama	המנפ
Polonia	ןילופ
Romania	הינמור
Senegal	לגנס
Spagna	דרפס
Venezuela	הלאוצנו
Vietnam	םאנטייו

Paesi #2
תונידמ #2

Albania	הינבלא
Danimarca	קרמנד
Etiopia	היפויתא
Giamaica	הקיימ'ג
Giappone	ןפי
Grecia	ןווי
Haiti	יטיאה
Indonesia	היזנודניא
Irlanda	דנלריא
Laos	סואל
Liberia	הירביל
Messico	וקיסקמ
Nepal	לאפנ
Nigeria	הירגינ
Pakistan	ןטסיקפ
Russia	היסור
Siria	הירוס
Sudan	ןדוס
Ucraina	הניארקוא
Uganda	הדנגוא

Piante
צמחים

Albero	עץ
Bacca	ירב
Bambù	קובמב
Botanica	הקינטוב
Cactus	סוטקק
Cespuglio	שוב
Crescere	לודגל
Edera	סוסיק
Erba	אשד
Fagiolo	תיעועש
Fertilizzante	ןשד
Fiore	חרפ
Foglia	הלע
Fogliame	םי.ל.ע
Foresta	רעי
Giardino	ןג
Muschio	בחט
Petalo	תרתוכ ילע
Radice	שרש
Vegetazione	הייחמצ

Professioni #1
מקצועות #1

Allenatore	ןמאמ
Ambasciatore	רירגש
Artista	ןמא
Astronomo	םונורטסא
Avvocato	ןיד ךרוע
Ballerino	ןדקר
Banchiere	יאקנב
Cacciatore	דייצ
Cartografo	ףרגוטרק
Editore	ךרוע
Farmacista	חקור
Geologo	גולואיג
Gioielliere	ןטישכת
Idraulico	ברברש
Infermiera	תוחא
Musicista	יאקיזומ
Pianista	ןרתנספ
Psicologo	גולוכיספ
Scienziato	ןעדמ
Veterinario	רנירטו

Professioni #2
מקצועות #2

Astronauta	טואנורטסא
Bibliotecario	תינרפס
Biologo	גולויב
Chirurgo	חתנמ
Dentista	םייניש אפור
Detective	שלב
Filosofo	ףוסוליפ
Fotografo	םלצ
Giardiniere	ןנג
Giornalista	יאנותיע
Illustratore	רייאמ
Ingegnere	סדנהמ
Insegnante	הרומ
Inventore	איצממ
Linguista	ןשלב
Medico	אפור
Pilota	סייט
Pittore	רייצ
Ricercatore	רקוח
Zoologo	גולואוז

Psicologia
פסיכולוגיה

Clinico	יניל
Cognizione	היצינגוק
Comportamento	תוגהנתה
Conflitto	תושגנתה
Ego	וגא
Emozioni	תושגר
Esperienze	תויווח
Idee	תונוייער
Inconscio	עדומ אל
Infanzia	תודלי
Influenze	תועפשה
Pensieri	תובשחמ
Percezione	הסיפת
Personalità	תוישיא
Problema	היעב
Realtà	תואיצמ
Sensazione	השוחת
Sogni	תומולח
Terapia	לופיט
Valutazione	הכרעה

Riscaldamento Globale
התחממות כדור הארץ

Ambientale	יתביבס
Artico	יטקרא
Clima	םילקא
Conseguenze	תוכלשה
Crisi	רבשמ
Dati	םינותנ
Energia	היגרנא
Futuro	דיתע
Gas	זג
Generazioni	תורוד
Governo	הלשממ
Habitat	לודיג תיב
Industria	היישעת
Internazionale	ימואלניב
Legislazione	הקיקח
Ora	וישכע
Popolazioni	תויסולכוא
Scienziato	ןעדמ
Sviluppo	חותיפ
Temperature	תורוטרפמט

Ristorante #1
מסעדה #1

Allergia	היגרלא
Caffè	הפק
Cameriera	תיראלמ
Carne	רשב
Cassiere	תיאפוק
Cibo	ןוזמ
Ciotola	הרעק
Coltello	ןיכס
Cucina	חבטמ
Dessert	קוניח
Ingredienti	םיביכרמ
Mangiare	לוכאל
Menù	טירפת
Pane	םחל
Piatto	תחלצ
Piccante	ףירח
Pollo	ףוע
Prenotazione	הנמזה
Salsa	בטור
Tovagliolo	תיפמ

Ristorante #2
מסעדה #2

Acqua	מים
Aperitivo	מתאבן
Cameriere	מלצר
Cena	ארוחת ערב
Cucchiaio	כף
Delizioso	טעים
Forchetta	מזלג
Frutta	פירות
Ghiaccio	קרח
Insalata	סלט
Minestra	מרק
Pesce	דג
Pranzo	ארוחת צהריים
Sale	מלח
Sedia	כיסא
Spezie	תבלינים
Torta	עוגה
Uova	ביצים
Verdure	ירקות

Salute e Benessere #1
בריאות ובריאות #1

Abitudine	הרגל
Altezza	גובה
Attivo	פעיל
Batteri	חיידקים
Clinica	מרפאה
Fame	רעב
Farmacia	בית מרקחת
Frattura	שבר
Medicina	רופאה
Medico	דוקטור
Muscoli	שרירים
Nervi	עצבים
Ormoni	הורמונים
Ossa	עצמות
Pelle	עור
Postura	יציבה
Riflesso	רפלקס
Rilassamento	הרפיה
Trattamento	טיפול
Virus	נגיף

Salute e Benessere #2
בריאות ובריאות #2

Allergia	אלרגיה
Anatomia	אנטומיה
Appetito	תיאבון
Caloria	קלוריה
Corpo	גוף
Dieta	דיאטה
Digestione	עיכול
Disidratazione	התייבשות
Energia	אנרגיה
Genetica	גנטיקה
Igiene	היגיינה
Infezione	זיהום
Malattia	חולי
Massaggio	עיסוי
Nutrizione	תזונה
Ospedale	בית חולים
Peso	משקל
Sangue	דם
Sano	בריא
Vitamina	ויטמין

Scacchi
שחמט

Avversario	יריב
Bianco	לבן
Campione	אלוף
Concorso	תחרות
Diagonale	אלכסון
Giocatore	שחקן
Gioco	משחק
Nero	שחור
Passivo	פסיבי
Per Imparare	ללמוד
Punti	נקודות
Re	מלך
Regina	מלכה
Regole	כללים
Sacrificio	הקרבה
Sfide	אתגרים
Strategia	אסטרטגיה
Tempo	זמן
Torneo	טורניר

Scienza
מדע

Atomo	אטום
Chimico	כימי
Clima	אקלים
Dati	נתונים
Esperimento	ניסוי
Evoluzione	אבולוציה
Fatto	עובדה
Fisica	פיזיקה
Fossile	מאובן
Ipotesi	הנחה
Laboratorio	מעבדה
Metodo	שיטה
Minerali	מינרלים
Molecole	מולקולות
Natura	טבע
Organismo	אורגניזם
Particelle	חלקיקים
Piante	צמחים
Scienziato	מדען

Spezie
תבלינים

Aglio	שום
Amaro	מריר
Anice	אניס
Cannella	קינמון
Cardamomo	הל
Cipolla	בצל
Coriandolo	כוסברה
Cumino	כמון
Curcuma	כורכום
Curry	קארי
Dolce	מתוק
Finocchio	שומר
Liquirizia	שוש
Noce Moscata	מוסקט
Paprika	פפריקה
Pepe	פלפל
Sale	מלח
Vaniglia	וניל
Zafferano	זעפרן
Zenzero	ג'ינג'ר

Sport

טרופס

Allenatore	ןמאמ
Atleta	יאטרופס
Capacità	תלוכי
Cardiovascolare	םד ילכו בל
Corpo	ףוג
Danza	דוקיר
Dieta	הטאיד
Forza	חוכ
Jogging	הציר
Massimizzare	םסקמל
Metabolico	ילובטמ
Muscoli	םירירש
Nuotare	תוחשל
Nutrizione	הנוזת
Obiettivo	הרטמ
Ossa	תומצע
Programma	תינכת
Resistenza	תלוביס
Salute	תואירב
Sportivo	טרופס

Strumenti Musicali

הניגנ ילכ

Armonica	תיחופמ
Arpa	לבנ
Bacchette	ףופית תולקמ
Banjo	ו'גנב
Chitarra	הרטיג
Clarinetto	טנירלק
Fagotto	ןוסב
Flauto	לילח
Gong	גנוג
Mandolino	הנילודנמ
Marimba	הבמירמ
Oboe	בובא
Pianoforte	רתנספ
Sassofono	ןופוסקס
Tamburello	םירמ ףות
Tamburo	ףות
Tromba	הרצוצח
Trombone	ןובמורט
Violino	רוניכ
Violoncello	ול'צ

Tempo

ןמז

Anno	הנש
Annuale	יתנש
Calendario	הנש חול
Decennio	רושע
Dopo	רחאל
Futuro	דיתע
Giorno	םוי
Ieri	לומתא
Mattina	רקוב
Mese	שדוח
Mezzogiorno	םיירהצ
Minuto	הקד
Notte	הליל
Oggi	םויה
Ora	העש
Orologio	ןועש
Presto	בורקב
Prima	ינפל
Secolo	האמ
Settimana	עובש

Tipi di Capelli

רעיש יגוס

Argento	ףסכ
Asciutto	שבי
Bianco	ןבל
Biondo	ינידנולב
Breve	רצק
Calvo	חריק
Colorato	ינועבצ
Grigio	רופא
Intrecciato	עולק
Liscio	קלח
Lungo	ךורא
Marrone	םוח
Morbido	ךר
Nero	רוחש
Riccio	לתלותמ
Riccioli	םילתלת
Sano	אירב
Sottile	הזר
Spessore	הבע
Trecce	תומצ

Uccelli

םירופיצ

Airone	הפנא
Anatra	זוורב
Aquila	רשנ
Cicogna	הדיסח
Cigno	רוברב
Cuculo	הייקוק
Falco	ץנ
Fenicottero	וגנימלפ
Gabbiano	ףחש
Oca	זווא
Pappagallo	יכות
Passero	רורד
Pavone	סווט
Pellicano	יאנקש
Piccione	הנוי
Pinguino	ןיווגניפ
Pollo	ףוע
Struzzo	ןעי
Tucano	ןאקוט
Uovo	הציב

Universo

םוקי

Asteroide	דיאורטסא
Astronomia	הימונורטסא
Astronomo	םונורטסא
Atmosfera	הריווא
Buio	ךשוח
Celeste	ימימש
Cielo	עיקר
Cosmico	ימסוק
Emisfero	הרפסימה
Galassia	היסקלג
Latitudine	בחור וק
Longitudine	ךרוא
Luna	חרי
Orbita	לולסמ
Orizzonte	קפוא
Solare	שמש
Solstizio	ךופיה
Telescopio	פוקסלט
Visibile	יולג
Zodiaco	תולזמה לגלג

Vacanze #2
שפון #2

Aeroporto	הפועת הדש
Campeggio	גניפמק
Destinazione	דעי
Foto	תונומת
Hotel	ןולמ
Isola	יא
Mappa	הפמ
Mare	סי
Passaporto	ןוכרד
Ristorante	הדעסמ
Spiaggia	ףוח
Straniero	רז
Taxi	תינומ
Tempo Libero	יאנפ
Tenda	להוא
Trasporto	הרובחת
Treno	תבכר
Vacanza	גח
Viaggio	עסמ
Visto	הזיו

Veicoli
בכר ילכ

Aereo	סוטמ
Ambulanza	סנלובמא
Auto	תינוכמ
Autobus	סובוטוא
Barca	הריס
Bicicletta	םיינפוא
Camion	תיאשמ
Caravan	ןאוורק
Elicottero	קוסמ
Metropolitana	תיתחת תבכר
Motore	עונמ
Pneumatici	םיגימצ
Razzo	הטקר
Scooter	עונטק
Sottomarino	תללוצ
Taxi	תינומ
Traghetto	תרובעמ
Trattore	רוטקרט
Treno	תבכר
Zattera	הדוספר

Verdure
תוקרי

Aglio	םוש
Broccolo	ילוקורב
Carciofo	קושיטרא
Carota	רזג
Cetriolo	ןופפלמ
Cipolla	לצב
Fungo	הייטרפ
Insalata	טלס
Melanzana	ליצח
Patata	המדא חופת
Pisello	הנופא
Pomodoro	הינבגע
Prezzemolo	הילוזורטפ
Rapa	תפל
Ravanello	ןונצ
Scalogno	תולאש
Sedano	ירלס
Spinaci	דרת
Zenzero	ר'גני'ג
Zucca	תעלד

Vestiti
םידגב

Abito	הלמש
Braccialetto	דימצ
Calzini	םייברג
Camicia	הצלוח
Cappello	עבוכ
Cappotto	ליעמ
Cintura	הרוגח
Collana	תרשרש
Gonna	תיאצח
Grembiule	רניס
Guanti	תופפכ
Jeans	סני'ג
Maglione	רדווס
Moda	הנפוא
Pantaloni	םייסנכמ
Pantofole	תיב ילענ
Pigiama	המ'גיפ
Sandali	םילדנס
Scarpa	לענ
Sciarpa	ףיעצ

Congratulazioni

Ce l'hai fatta!

Speriamo che questo libro vi sia piaciuto tanto quanto a noi è piaciuto concepirlo. Ci sforziamo di creare libri della più alta qualità possibile.
Questa edizione è progettata per fornire un apprendimento intelligente, di qualità e divertente!

Le è piaciuto questo libro?

Una Semplice Richiesta

Questi libri esistono grazie alle recensioni che pubblicate.

Puoi aiutarci lasciando una recensione
ora a questo link ?

BestBooksActivity.com/Recensioni50

SFIDA FINALE!

Sfida n°1

Sei pronto per il tuo gioco gratuito? Li usiamo sempre, ma non sono così facili da trovare - ecco i **Sinonimi!**
Scrivi 5 parole che hai trovato nei puzzle (n° 21, n° 36, n° 76) e prova a trovare 2 sinonimi per ogni parola.

Scrivi 5 parole del *Puzzle 21*

Parole	Sinonimo 1	Sinonimo 2

Scrivi 5 parole del *Puzzle 36*

Parole	Sinonimo 1	Sinonimo 2

Scrivi 5 parole del *Puzzle 76*

Parole	Sinonimo 1	Sinonimo 2

Sfida n°2

Ora che ti sei riscaldato, scrivi 5 parole che hai trovato nei puzzle n° 9, n° 17 e n° 25 e cerca di trovare 2 contrari per ogni parola. Quanti ne puoi trovare in 20 minuti?

Scrivi 5 parole del **Puzzle 9**

Parole	Antonimo 1	Antonimo 2

Scrivi 5 parole del **Puzzle 17**

Parole	Antonimo 1	Antonimo 2

Scrivi 5 parole del **Puzzle 25**

Parole	Antonimo 1	Antonimo 2

Sfida n°3

Grande! Questa sfida non è niente per te!

Pronto per la sfida finale? Scegli 10 parole che hai scoperto nei diversi puzzle e scrivile qui sotto.

1.	6.
2.	7.
3.	8.
4.	9.
5.	10.

Ora scrivi un testo pensando a una persona, un animale o un luogo che ti piace.

Puoi usare l'ultima pagina di questo libro come bozza.

La tua composizione:

_____

_____

_____

_____

_____

_____

_____

TACCUINO:

A PRESTO!

Tutta la Squadra

SCOPRIRE GIOCHI GRATIS

GO

BESTACTIVITYBOOKS.COM/FREEGAMES

www.ingramcontent.com/pod-product-compliance
Lightning Source LLC
Chambersburg PA
CBHW082052120626
46553CB00011B/3366
* 9 7 9 8 8 9 6 7 0 7 4 2 4 *